맹로법孟老法과 기계창

Robert McMutrie(1864-1946)
&
Anna Davis Industrial Shop

이원 지음

뿌리총서 간행사

우리의 뿌리와 샘을 생각하며

지난 4월에 숭실뿌리총서 14권을 간행한데 이어서 2차분 5권을 간행합니다. 이미 말씀드린 대로 나무에는 뿌리가 있고, 흐르는 물에는 샘이 있다는 것을 모두 알고 있습니다. 이는 우리의 개천절 노래에도, 조선의 『용비어천가』에도 등장하는 교훈적 비유입니다. 뿌리와 샘을 압축하여 표현하면 본원(本源)이라 합니다. 모든 것의 본원을 지극한 단계까지 찾아나서는 행위는 자기 존재를 완전히 알고 그 역할 수행을 극대화하는 주요한 방법이며 그만큼 의미 있게 살아가기 위한 필수적 작업입니다.

높은 산등성이에 있는 작은 샘에서 솟아난 맑은 석간수가 바위 골짜기를 거쳐 산 아래 도달하고 넓은 농지와 대도시와 중간에 있는 댐과 제방을 경험하며 넓은 바다로 가는 동안 주변에서 이른바 다양한 성질을 지닌 물줄기가 계속 합류하여 수량이 점점 많아집니다. 공업용수, 농업용수, 발전용수 또는 정수하여 수백만 도시민의 상수원으로 또 생활용수로 쓸 수 있게 되어 그 용도가 커집니다. 시작은 청정하고 미약했으나 결과적 쓰임새는 광대합니다. 우리 숭실도 많이 커졌습니다. 처음 시작할 때는 문과 한 반으로 시작했고, 한국 교회의 지도자를 양성하는데 초점을 맞추었지만 2017년 현재 40여 개 학과와 학부, 그리고 일반대학원생, 특수대학원생에 사회교육원 학생까지 합하면 17,000여 명의 재학생이 있는 상당한 규모와 수준의 학교가 되어 다방면의 인재를 양성하고 있습니다.

2013년 가을 우리 숭실대학교에 '뿌리찾기위원회'가 발족하였습니다. 평양에서 시작한 숭실대학의 정신, 그 흐름의 모습과 내용, 그리고 서울에서 재건할 때의 과정 등에 대하여 집중적으로 연구하기 위해서입니다. 평양 숭실의 설립자 베어드, 2대 교장 라이너, 3대 교장 마펫, 4대 교장 매큔, 5대 교장 마우리 다섯 분의 교장을 연구하여 평전을 짓고, 블레어, 편하설, 스윌른, 솔토, 해밀튼, 클라크, 킨슬러, 루츠, 맥머트리 등 10명의 큰 업적을 이룬 분들을 집중적으로 연구하며, 더불어 평양대부흥회, 『논리약해』, 『인생문제의 해결』 등 주요 문헌, 순교자, 선교사들의 부인, 숭실의 문인, 숭실의 음악인 등 30주제의 사건 저술 인물 등 특정 분야에서 이루어진 탁월한 업적을 연구하고 그 가치를 재현해 내는 것을 목표로 하였습니다. 이 연구에 한국교회사 연구에 있어 전문가이신 이상규 교수님(고신대), 김홍수 교수님(목원대), 이덕주 교수님(감신대), 임희국 교수님(장신대), 김승태 박사님(한국기독교역사연구소)을 각각 책임 연구원으로 모실 수 있게 된 것, 그리고 숭실대학교의 여러 학문 분야의 교수님들이 참여해 주신 것에 깊은 감사를 드립니다. 희귀 자료들을 선뜻 내어 주시고, 확보에 도움을 주신 한국교회사문헌연구원의 심한보 선생, 그리고 호주 선교회 관련 자료를 제공해 주신 전예장(통합) 교단사무총장 조성기 목사님께 감사드립니다. 숭실대학교부설한국기독교박물관의 학예사 한명근 박사도 이번 일에 있어서 여러 형태로 많은 도움을 주었습니다. 무엇보다 희귀 자료의 열람은 물론 각종 사진들을 제공하여 연구와 연구물의 출판에 큰 도움을 주었습니다. 이 일에 처음부터 수고해주신 연구 간사 오지석 박사와 사무총괄간사 엄국화 선생에게도 깊은 감사를 전합니다.

이번 뿌리총서 2차분도 한국기독교문화연구원에서 간행합니다. 1967년에 출범한 한국기독교문화연구원은 그동안 줄곧 이름 그대로 한국의 기독교문화를 연구해 오고 있습니다. 뿌리찾기위원회의 활동은 사실상 한국기독교문화연구원의 연구활동의 일환이기도 합니다. 이번에 2차로 간행하는 5권은 킨슬러, 솔토, 해밀턴, 맥머트리 그리고 방지일입니다.

항시 좋은 뿌리를 가졌다고 자부해온 우리 숭실인들이 그 뿌리의 형성 과정을 다시 살펴보고 오늘의 우리에게 나타나고 있는 가지와 잎과 꽃과 열매가 바람직한 형상과 품질과 격조를 지니고 있는지를 냉정하게 살펴보는 시간이 되기를 원합니다.

만시지탄이 큰 이 일이지만 이 일의 중요성을 인식하시고 지속적으로 관심을 갖고 격려하시며 지켜봐 주신 숭실대학교 황준성 총장님께 깊은 감사를 드립니다.

2017년 8월 16일

숭실대학교 뿌리찾기위원회 위원장

숭실대학교 한국기독교문화연구원장

곽 신 환 삼가 적음

저자서문

기계창(機械廠)이라는 용어가 독자들에게는 익숙하지 않을 지도 모른다. 기계공장 또는 기계공작실이라고 하면 조금 더 알기 쉬울 수 있겠다. 당시 일제 강점기에 붙여진 용어이기 때문에 우리 정서와는 어감이 크게 다른 것이 사실이다. 또 기계창의 영문명을 The Anna Davis Industrial Shop이라고 했던 것으로도 이미지를 떠올리기가 쉽지 않다.

이 책은 숭실의 설립자 베어드에 의해서 설립된 숭실내의 또 하나의 교육부서인 기계창과 기계창의 운영관리책임자 맥머트리에 대해서 연구하고 조사한 결과를 정리한 것이다.

베어드가 숭실내에 기계창을 만든 가장 큰 이유는 숭실학당에서 공부하는 학생들에게 자립방안을 모색하고, 건강한 노동관과 직업관을 교육하기 위해서였다.

베어드의 교육정책은 미국에서의 학교 운영의 경험과 한국에서의 초창기 학당운영의 경험을 바탕으로 하여 형성된 것이었다. 특히 모델로 삼은 학교는 미국의 파크대학(Park College)과 포이네트학교(Poynett Academy)였다.

1902년 베어드가 미국에서 받은 기부금으로 숭실학교 구내에 공장을 건립하였다. 한국식 건축양식을 사용하여 T자 모양으로 지어진 이 공장 건물은 총건평이 3,780평방 피트(약 180평)였다. 내부 시설로는 업무를 총괄하는 사무실이 있고, 공작실에는 목공실, 인쇄실, 주물실과 철공부실 등을 갖추었다. 미국에서 구입한 목공 도구와 공작 도구, 연관(鉛管) 도구와 단조용 도구들을 들여와 설치하여 숭실학교 기계창(The Anna Davis Industrial Shop)이라 명명하였다.

기계창이 안정적으로 자리 잡혀 나감에 따라 기자재와 도구들을 보다 전문적으로 다루고, 전체 업무를 감독하고 효율적으로 운영해 나갈 수 있는 소양과 능력을 갖춘 인재가 필요하게 되었는데, 그 인재가 1907년에 한국땅을 처음 밟게 된 맥머트리(Robert McMutrie, 1864-1946, 한국명 맹로법)였다.

숭실뿌리찾기위원회에서 원고청탁을 받았으나 기계창과 맥머트리에 관한 자료가 너무 구하기도 어렵고 자료 존재 자체가 드물어서 힘든 시간을 가졌다. 인문학적인 연구에 있어서 서툴고 거칠기 짝이 없는 필자의 원고를 숭실대 사학과를 졸업하시고 한국교회사 전문가이신 정남용 박사께서 꼼꼼하게 검토해주시고 수정해주시면서 깊은 교감을 주셨다. 마음으로부터의 깊은 감사를 드린다.

숭실대학교 한국기독교문화연구원의 곽신환 원장님, 오지석 박사님, 엄국화 선생님의 도움과 지원이 없었다면 불가능한 시도였다. 숭실대학교 한국기독교박물관의 한명근 박사님께도 많은 도움을 받았다.

손글씨의 영문편지를 해독하려고 애쓰는 저에게 함께 읽으면서 교정을 주신 최미양 교수님, 이종원 교수님의 도움이 없었다면 힘든 작업이었음을 고백한다.

2017년 8월

이원

목차

제1장

기술을 가진 하나님의 일군-맹로법

1. 기술을 가진 하나님의 일꾼

통상 선교사라고 하면 목회자 곧 목사를 떠올리게 된다. 전도·교육 그리고 의료를 선교의 트라이앵글이라고 한다. 이 가운데 교육과 의료는 전도를 떠받치는 역할을 한다. 자연 선교에서 가장 중요한 그리고 핵심적 역할을 하는 것이 목회자라는 데에 아무도 이의를 제기하지 않을 것이다. 구한말부터 일제 강점기에 이 땅에 참 많은 선교사들이 왔다. 그런데 그들이 다 목회자는 아니었다. 교사도 있었고, 의사도 있었고, 또 행정 등 여러 일을 돕는 사람들도 많았다.

숭실기계창은 구한말 그러니까 1897년 평양에서 건학한 숭실학교가 추구한 중요한 교육 목적 가운데 하나였던 자립교육, 실용교육이 구체화하여 나타난 제도요, 기관이다. 여기서 학생들은 학비를 마련했고 근로정신을 익혔고 실업 기술교육을 받았다. 800명 이상이 이 기관을 통하여 공부를 할 수 있었다. 이것이 가능했던 것은 각각의 영역에서 소명 받은 세 사람의 헌신과 봉사가 지대한 영향력을 미쳤다.

첫째 사람은 1891년 내한한 미 북장로교 선교사로 기독교학교 설립을 통한 교육선교를 중심으로 활동했던 윌리엄 베어드(William M. Baird: 1862-1931)이다. 그는 기계창이 갖는 유무형의 가치와 철학을 구상하고 실천하기 위해서 각고의 노력을 경주한 사람이다.

둘째 인물은 데이비스 부부(Samuel S. Davis, Anna Davis)이다. 이들 부부는 베어드가 그린 청사진이 기계창을 통해서 현실화 될 수 있도록 재정적으로 헌신한 인물들이다. 이들은 기계창이 설립되어 운영된 이후에도 지속적으로 필요한 재정과 후원을 통해서 크게 기여했다. 이들 부부가 기계창 설립과 운영에 얼마나 지대한 영향을 미쳤는지는 기계창의 공식적인 이름 "Anna Davis Memorial Shop"[1]을 통해서도 확인할 수 있다.

세 번째 인물이 바로 이 책에서 중점적으로 다루고자 하는 맹로법(孟老法 Robert McMutrie1864-1941)이다. 그는 스코틀랜드계 미국인으로 교회의 장로로 봉직하다가 기계창의 총 책임자로 초빙되어 1907년 44세의 나이에 평양으로 왔다. 그리고 1933년 70세 정년으로 한국을 떠날 때까지 그곳에서 25년간 기계창의 운영과 감독에 종사했다. 뿐만 아니라 그는 평양 선교지부에서는 없어서는 안 될 정도로 다양한 분야에서 지역 선교사들의 필요와 요구를 해결해 주는 해결사 노릇을 감당했다.

베어드의 학교운영의 비전과 노동의 철학, 사무엘 데이비스 부부의 재정 후원과 지원, 그리고 맹로법의 운영과 돌봄은 숭실 기계창의 세 가지 핵심 요소였다고 할 수 있다.

맹로법은 선교사이다. 그는 목사도 의사도 학교에서 교육하는 교사

---

1) 기계창의 이름은 영어로 혹은 한자식으로 다양하게 표기되는데, 각각 강조점에 따른 표기라고 볼 수 있겠다. 기독교문사에서 발간한 기독교대백과사전에서는「안나 데이비스 기념 공작소(Anna Davis Memorial Shop)」로, 로즈가 쓴 미국 북장로교선교회사에서는「안나 데이비스 물품제작소(Anna Davis Industrial Shop」한자로는 安羅工作所로『숭실대학교백년사』에서는 기계창(機械廠)으로 표기하고 있다. 한국인들, 숭실인들이 즐겨 부른 명칭은 기계창이다.

▌맹로법(Robert McMutrie: 1864-1946)

나 교수도 아니다. 그는 기사(技師)이다. 숭실학교에서 설립한 기계창의 운영자이다. 각종 기계를 전문적 수준으로 다룰 줄 아는 인물이다. 그는 숭실학교의 설립자 베어드가 학교운영에 필요하다고 판단하여 만들어 놓은 숭실 기계창을 전문적으로 운영할 인물로 발탁하여 초빙해온 기술자이며 운영자이다.

기계창과 관련하여 베어드가 구상하고 데이비스가 재정 후원자로서 지대한 공헌을 했다면, 맹로법은 기계창의 책임자로서 실질적인 운영에 직접적인 영향을 끼쳤다. 데이비스의 재정 후원으로 기계창의 건물이 신축되고, 다양한 작업을 할 수 있도록 각종 기자재들을 갖추게 되자, 이러한 기자재와 도구들을 보다 전문적으로 다루고, 전체 업무를 감독하고 효율적으로 운영해 나갈 수 있는 소양과 능력을 갖춘 인재가 필요하게 되었다. 이러한 일을 감당할 사람은 단순히 기술자의 수준을 넘어 전문적인 작업을 효율적으로 감독하고 지도할만한 인물이어야 했다. 하지만 안타깝게도 당시 한국인으로서 이러한 일을 감당할 자격을 갖춘 인재는 없었다.

이러한 상황을 전해 듣고 이를 절실하게 인식한 미국인 사업가 데이비스는 1907년, 적절한 인물을 소개하고 추천하였는데 그가 바로 맹로법이었다. 당시 그는 미국 연방정부 소속의 록 아일랜드 병기제조창(U.S. Arsenal)의 현장 주임으로 근무하고 있었고, 데이비스와는 같은 교회의 동료 장로였다. 데이비스는 맹로법의 파견에 따르는 일체의 비용과 급료를 단독으로 부담할 것을 약속하였다. 그리고 데이비스의 숭실학교에 대한 관심과 지원 특히, 기계창에 대한 지원은 1938년 학교가 신사참배 문제로 자진폐교 할 때까지 30년간 계속되었다.[2)]

기계창이 숭실학교에서 시작된 것은 1902년이지만, 실제적으로 필요한 기구와 인적 구성원과 구체적인 시설 등을 갖추고 운영하기까지는 2-3년의 준비 기간을 가질 수밖에 없었다. 이 기간 동안 기자재를 도입하고 내부 설비의 확충을 통한 시험기간을 거치게 된 것이다. 그리고 기계창이 본격적으로 운영되게 된 것은 1907년 이후부터로 볼 수 있다. 바로 맹로법이 부임하여 기계창에서 본격적으로 일하기 시작한 것이다.

따라서 맹로법과 숭실의 기계창은 떼어 놓을 수 없는 중요한 연관성을 갖고 있다. 그는 기계창이 본격적으로 그 일을 할 수 있도록 발판을 마련한 초기부터, 기계창이 체계를 잡아 활발하게 운영될 수 있도록 역할을 다했고, 한국사역을 마치고 은퇴할 때까지 문자 그대로 그는 기계창 역사의 산 증인으로서 그 역할을 다했다.

그런데 우리가 그의 개인적인 사정을 알아볼 수 있는 자료는 매우 제한적이다. 우선 그의 출생연도를 정확히 알지 못한다. 가족 사항도 아직 드러나 있지 않다. 그저 그의 선교보고서 일부와 다른 선교사들의 기록에 담긴 것을 모아 구성 했을 따름이다.

---

2) 숭실대학교 100년사 편찬위원회,『숭실 100년사』, (숭실대학교, 1997), 251.

2. 실업(實業) 교육과 장인(匠人)정신

1907년 10월, 맹로법은 한국으로 떠날 준비를 하면서, 자신을 파송한 미 북장로교 선교회의 책임자였던 브라운(A. J. Brown) 총무에게 편지하는데, 이 편지에서 그는 자신이 한국에서 평신도 선교사로서 일할 수 있게 된 점과 그리고 이를 위해서 브라운 박사가 개인적으로 수고한 내용들 곧 자신을 선교지부에 소개해 준 것과 선교를 위해서 받은 권면과 지침에 대해서도 깊은 감사의 마음을 표현하고 있다.[3)]

그는 특히 미국 북장로교 평신도 선교사로 일하게 된 점에 대해 자긍심을 갖고 있었다. 베품(liberality)에 익숙했던 장로교가 선교사들을 통해서 이러한 베품과 섬김의 사역을 실시하는 것에 대해서, 자신이 이 일에 동참하게 된 점에 대해서 자부심을 갖고 있었던 것으로 보인다.[4)]

그리고 1907년 성탄절 전날인 12월 24일, 맹로법은 공식적으로 미국 북장로교 파송 내한 평신도 선교사로서 평양에서 공식적으로 활동을 시작하게 되었다. 그는 브라운 박사에게 보낸 1908년 2월 15일자[5)] 편지

---

3) Dr. A. J. Brown에게 보낸 맹로법의 1907년 10월 14일자 편지

4) 1908년 브라운에게 보낸 편지에서 그는 방위량(Blair)의 보고를 인용하면서 그와 같은 사실을 표현하고 있다. "장로교는 장로교가 형성된 후 6개월 이내에 집단적으로 외국선교사들을 파송했습니다. 49명이나 되는 선교사들이 각자 복음 전도 사역을 위해서 열흘을 보내는데 합의하였다는 것을 오늘 방위량 선교사가 보고 했습니다."

5) 맹로법이 보낸 개인편지 형식의 선교보고서는 직접 쓴 편지와 타자기로 쓴 두 가지 형태가 있다. 1907년 평양의 숭실학교에서 기계창의 책임자로 일하기 시작한 초창기 5년 동안의 네 개의 편지들(1907, 1908년 2월, 12월, 1911년 10월)은 영문 필기체로 작성되었기에 해독하기에 어려운 부분들이 많았다. 반면에 1912년, 1912년-13년, 1913년-14년, 1918년 8월, 1932-1933년에 보낸 선교보고서들은 타자기로 작성되어 있어서 상대적으로 해독이 용이했다. 맹로법 역시 선교사들이 일반적으로 그랬던 것처럼 일 년에 한 차례씩 정기 선교보고서를 보냈던 것으로 보인다.

에서 성탄절 전날 처음 한국에 도착했을 당시의 벅차오르는 감격을 표현하기도 하였다. 그날 교회에서의 예배경험은 비록 한국어가 익숙하지 않은 그였지만 깊이 각인 되어 남았다.

> 저는 운이 좋게도 크리스마스 이브에 제때 평양에 도착하여 한국 기독교인들의 크리스마스행사를 볼 수 있었으며 복음성가가 사람의 마음에 남길 수 있는 가장 깊은 인상을 받았다고 생각합니다. 1,800명에서 2,000명에 이르는 성도들이 함께 어울려 총명하고 경건하게 "햇빛을 받는 곳마다 주 예수 다스리시고"를 부르는 것을 듣고 저의 피가 혈관을 타고 뜨겁게 흘렀습니다.[6)]

그가 내한 했던 1907년이 한국기독교 역사에 가장 놀라운 장면으로 남아 있는 평양 대부흥운동이 일어난 해였음은 두루 알려진 사실이다. 그 기운과 흐름은 지속되고 있었다. 그의 도착이 성탄절 전날이었다고 하니 교회의 분위기가 얼마나 뜨겁고 진지했을 것인가에 대해서는 충분히 짐작가능하다. 맹로법이 편지에 쓴 그대로 목격 가능한 상황이 펼쳐지고 있었을 것이다. 맹로법은 내한함과 동시에 바로 그 역사적인 현장이었던 장대현교회에서 드려진 예배에 참석할 수 있었기에 그 뜨거운 상황을 직접 목격할 수 있었다. 그는 무엇보다도 예배를 통해서 한국교회에 임한 성령의 놀라운 역사하심으로 인하여 발생한 성도들의 놀라운 반응과 변화의 모습에 놀랄 수밖에 없었던 것이다. 그날 예배 현장에서 들은 찬송 "햇빛을 받는 곳마다…"의 곡조는 현재도 사용되고 있는 찬송이다. 그런데 이 찬송은 맹로법의 선조들이 스코틀랜드 언덕에서 불렀던 찬송이다. 이 찬송을 수많은 한국인들이 모여 웅장한

---

6) 맹로법이 1908년 2월 15일 아서 J. 브라운 목사에게 보낸 편지

소리로 부르고 있다는 사실에 얼마나 깊은 감동을 받았을 까는 그리스도인이 아니라 할지라도 충분히 짐작 가능하다. 같은 편지의 이어지는 부분에 다음의 내용이 있다.

> 중앙교회(장대현교회)에서 최근에 일어난 일은 교회 일원이 되고자 하는 사람들에 대한 진술을 무색하게 만들만큼 영향력이 있습니다. 막 기도를 하려고 할 때 회중 가운데 한 남자가 일어나서 그를 위해 기도해 줄 것을 요청했습니다. 그는 담배를 끊었고, 담배는 그의 신앙생활에 해롭다는 것을 알게 되었습니다. 기도를 드리기 전에, 인도자는 같은 이유로 최근에 담배를 끊은 사람이 있는지 물었고 약 15명 내지 20명이 그렇다고 표시했습니다. 이어서 인도자가 기독교 교리를 지키기 위해 어느 때든지 무언가를 포기한 사람은 손을 들라고 요청했을 때 나의 최선의 판단으로 회중의 75%가 손을 들었습니다.

이 날의 놀라운 경험은 맹로법 자신의 개인 신앙에도 매우 중요한 동기로 작용했다고 고백한다. 그는 이전부터 알고 있었고 들어 왔던 '기도하는 교회로서의 장로교회'에 대한 실증적 체험을 평양에서 경험했던 것이다. 특히 공개된 장소에서 500명 이상이 모여 합심하여 한목소리로 들려주던 통성기도 소리는 맹로법에게 깊은 감동으로 남게 되었다. 이러한 사실은 그가 평양에서 사역을 감당함에 있어 긍정적인 점으로 작용했을 것으로 보인다.

맹로법은 독실한 신앙인으로, 스코틀랜드인다운 단호한 기질과 장인적인 사고방식을 가진 인물이었다. 그가 부임함으로써 학교를 전체적으로 책임 맡고 있던 베어드 교장은 기계창의 업무에서 해방될 수 있었고, 학생들은 신앙과 기술을 함께 익힘으로써 인격 형성에 큰 도움을 얻게 되었다.[7)]

맹로법은 도착하자마자 학자자급제도의 일환인 숭실학교 실업부[8]의 총괄책임자로 업무를 시작한다. 사실상 이 일은 새로 시작하는 것과 마찬가지였다. 전문가의 식견으로 제도를 갖추고 인력을 배치하고 연간계획을 계획을 수립하는 등 정신 차릴 수 없는 일들이 그를 기다리고 있었다. 그러나 그에게 주어진 일은 그것만이 아니었다. 학교 일 외에도 그가 가지고 있는 재능 곧 기계를 다룰 줄 아는 사람을 필요로 하는 곳이 아주 많았다. 일차적으로 책임을 맡고 있던 숭실학교는 물론 선교기관, 선교사 사택 시설보수 관리 등의 필요 등이 끊임없이 요청되었다. 따라서 일을 처음 시작한 첫 해 그는 한국어 공부를 할 시간이 없을 정도로 기계창에서의 작업 감독과 건물 공사 등과 같은 일들로 바쁜 한 해를 보내야만 했다. 1908년 12월 12일에 보낸 보고서를 보면, 그는 먹고 잠자기에도 시간이 부족할 정도로 분주한 한 해를 보냈으며, 일들의 비중이나 내용으로 볼 때 그는 최고의 한 해를 보냈다고 고백하고 있다.

그는 평양이 비록 언어가 잘 통하지 않고 문화가 다른 낯선 곳이었지만 불평이나 원망 없이 현지 생활에 잘 적응하고 만족하고 있었다. 그는 자신이 처리해야 할 일들이 늘 산적해 있었음에도 기쁘고 감사한 마음으로 자신이 할 일을 성실하게 감당하였다. 그는 고백하기를 그렇게 일할 수 있는 힘이 하나님이 주신 책임감으로 말미암음을 분명히 한다. 그리고 그러한 책임감은 함께 일하는 공동체 구성원들과 그들이 갖고 있었던 열정과 합쳐져서 평양을 만족스러운 사역장으로 바꿔주었

7) 『숭실 100년사』, 251.

8) 1908년 12월 12일자 보고서를 보면, the Academy Industrial Department의 전체 책임을 맡은 것으로 되어 있다. 숭실의 역사에서 아카데미는 숭실중학을 의미하는 바, 아카데미 산업부라 함은 아마도 새롭게 시작된 대학부를 포함하여 숭실학교 전체의 실업, 산업 부분을 총괄하는 것으로 보는 것이 무리가 없을 듯하다.

다고 말한다.

이 시기에 맹로법은 평양신학교 건축에도 참여했다. 그는 당시 이 학교 창립교장이었던 마펫(S. Moffet)의 요청에 따라 평양신학교 건축을 도왔던 것이다. 그에게 이 일은 매우 중요한 의미를 갖는 일이었다. 그는 신학교가 갖는 영적인 가치와 의미를 알고 있었기 때문이다.

> 비계가 제거되기 전에 찍었던 새로운 신학교 건물의 작은 사진을 동봉합니다. 이 건물을 세우는데 있어서 마펫 박사를 도울 수 있었던 것은 제게 큰 기쁨이었습니다. 왜냐하면 우리가 이 사람들에게 영국산 무적함대나 "무서울 게 없는" 미국산 전함을 제공해 준 것보다 더 오래가고 더 이로운 것을 이 사람들에게 제공했다고 확신하기 때문입니다.[9]

맹로법은 당시 한국이 처한 현실과 미래에 대해서도 예리한 통찰을 하고 있었다. 그는 1910년 한국에 대한 국권찬탈이 이루어지기 두 해 전인 1908년의 상황을 매우 비관적으로 바라보고 있다. 이처럼 그는 일제를 교활한 동방의 이리로 표현하면서, 이들이 한반도를 점령하여 통치하더라도 상황이 이전보다 결코 나아지지 않을 것으로 전망했다.[10] 그는 일본 제국의 침략정책으로 말미암아 한국이 어려움을 당할 것임을 예측했다. 그렇기 때문에 더욱 더 세상을 다스리는 하나님께 나아가야 하며, 현실적으로는 맡은 일에 충성해야 함을 강조한다.

그가 평양 숭실학교 기계창에서 본격적으로 사역을 시작한 지 4년이 지난 1911년에 미국 선교부 총무 브라운 목사에게 보낸 보고서를 보

---

9) 1908년 12월 12일자 브라운박사에게 보낸 선교보고서.
10) 1908년 12월 12일자 브라운박사에게 보낸 선교보고서.

면 그가 관여하고 있는 일이 다양한 영역에서 이루어지고 있었음을 확인할 수 있다. 이는 1910년에 이루어진 데이비스의 추가기부(2,000달러)로 인해 대학건물(특히 기계창 건물을 20×70 feet)을 더욱 확장하는 일로부터 시작되었다. 이후 숭실대학 건물과 함께 여학교 기숙사, 여학교 교직원 숙소, 숭실대학 기숙사 등을 건축해야 했다. 또한 기계창을 확장했으며, 제재소를 위한 독립건물을 신축했다. 그리고 필요한 수리와 교체 등의 일들로 분주했다.

맹로법은 숭실학교에서 학생들을 가르치는 일이 주업인 교수요원이 아니었다. 그럼에도 불구하고 그는 선교본부와 선교사들에게 매우 유용하면서 중요한 일들로 기여했다. 그의 손길과 관리가 이루어지지 않으면 장기적으로 선교사들의 기능과 역할들이 수월하게 이루어지지 못할 정도였다. 한마디로 그의 사역은 한국선교의 교두보 마련을 위한 인프라 구축의 사역이라고 부를 수 있겠다. 그는 기관이든 학교든 건물을 건축하는 일이나 인적구성원들이 장기적으로 이용할 수 있는 시설과 설비를 갖추는 일, 혹은 미래의 건축계획을 세우고 관리해 나가는 일 등을 통해서 그 사역을 감당해 나갔다. 실제로 그가 행한 일들을 보면, 건물건축은 물론 추후 세워질 건축 현장 선택, 건축물 안전허가 받는 일, 난방장치 설치와 관리, 배관시설 설치 관리 등이 그를 통해서 이루어졌다.

맹로법의 기계창 사역과 연관해서 가장 중요한 의미를 갖는 것은 학생들을 위한 자조(自助)의 기능일 것이다. 1910년에는 평균 45명의 학생들이 기계창에서 일자리를 제공받아 일을 함으로서 공부할 비용을 제공받았다. 그 중에서 숭실대학 학생은 9명이 기계창에서 일을 하고 스스로 학비를 마련하여 졸업했다. 당시 숭실대학 졸업생 전체 수가 13명이니 이는 놀라운 수치가 아닐 수 없다. 이때부터 작업의 내용 면에 있어서 목공, 철공, 유리공 작업이 가능해졌고 연관공사와 주물 등도 어렵지 않게 해낼 수 있을 만큼 다채롭게 확대되었다. 이때부터 약 100여 명의 학생들이 기계창의 도움을 받아 학업을 계속할 수 있을 정도로 발전하였다.

1912년 선교 5년차를 맞이한 맹로법은 여전히 산적한 사역으로 인해 분주하게 보냈다. 그는 기계창뿐 아니라 평양선교지부의 건축공사도 도맡아 진행해야 했기 때문이다. 평양 선교지부에서 한 해 동안 맡은 건물 공사가 12건 이상이었으며, 이외에도 건축자재를 마련하는 것, 그리고 이러한 일들에 필요한 물품에 대한 대금을 지불하고 선적을 확인하는 일들이 끊임없이 지속되어 그는 하루도 여가를 보낸 일이 없을 정도였다. 그리고 그러한 상황에 다소 지치고 실망한 한 해였다. 꼭 필요하다고 여겨지는 선교동역자를 요청했지만 어떤 이유에서인지 선교부에서 이를 충족시켜 주지 못했기 때문이다.

짚고 넘어가야 할 중요한 사실은 맹로법이 가지고 있던 근로부(industrial work)와 연관해서 그가 갖고 있던 장기적인 철학에 관한 측면이다. 그가 평양 선교지부의 선교사역 중 최우선적으로 필요한 선교자원으로 근로부의 일에 전담할 인적 자원을 요청했다. 그 이유는 기계창을 통한 근로자조적 활동이 단순한 개인 학비마련의 차원이 아닌 미래 한국의 산업구조의 전환까지를 염두에 두고 있었기 때문이다.

> (평양의) 교회의 교역자들과 Keil 목사님은 기계창 운영을 학교를 졸업하는 학생들이 이전의 게으르고 미적지근한 구습으로 돌아가게 하기보다는 적극적인 생계 활동을 위한 일들을 학습할 수 있는 운영형태로 시작해야 한다고 반복적으로 요청했습니다. 제가 판단하기에는 우리 사역에서 평양 현지인들을 위해서 이보다 더 위대한 요청은 없다고 생각합니다.[11)]

맹로법은 이를 실행하는 차원에서 자조부에서 100여 명의 학생들을 대상으로 기술을 가르쳤는데, 먼저는 손으로 하는 공예작업(manual training)부터 시작해서 기회가 되는대로 가르치는 기술의 내용을 다각화하려고 노력했다. 그 대표적인 실례가 기계 제도(Mechanical Drawing) 과목을 추가해서 학생들로 하여금 수업을 받게 하도록 한 점이다.

이 시기 맹로법은 열정적으로 기계창 외에 각종 건축과 연관된 일에 참여하여 일했지만, 실제로 그가 일한 현장은 자금 부족으로 어려웠던 것으로 보여 진다. 이것이 당시 그를 가장 힘들고 심각하게 만드는 문제였다. 1913년 12월 17일 브라운이 받은 맹로법의 개인 선교보고서를 봐도 이전 해와 비슷하게 반복되는 일상이 전개되고 있음을 확인할 수 있다. 그는 단지 숭실 기계창만을 위한 존재가 아니라 평양 선교지부 전체에서 꼭 필요한 핵심 기간자원으로 사역하고 있었음을 확인하게 된다.

> (숭실대학에서) 100여 명 이상 되는 학생들의 일상을 보살피고 감독하고, 필립(Philip), 스미스(Smith), 홀드크로프트(Holdcroft)의 집과 평양신학교 기숙사, 숭의여학교 기숙사, 숭실대학 기숙사를 돌보고 감독하는 일을 주로 하고, 대부분의 자산을 수리하는 것에 대한 감독, 자재구입, 심지어 다른 선교지부에서 요청하는 건축에 대한 조언 등에 적잖은 시간과 마음을 쓰고 있습니다. 그리고 선교지부의 일상 업무를 수행하기 위해서 설비작동과 유지를 향상시켜 적용시키는 일에 많은 시간을 할애하고 있습니다.[12]

---

11) 1912년 9월 12일 맹로법이 아더 브라운 목사에게 보낸 개인 보고서.
12) 1912년 맹로법이 브라운에게 보낸 개인선교보고서.

이 기간 맹로법이 가장 스트레스를 받은 일은 역시 한국어 습득 문제였다. 하루 10시간에서 15시간을 기계창과 건축공사 현장에 집중하다 보니 정작 한국어 습득에 투자할 시간이 턱 없이 부족하고 이것은 한국어 습득을 점점 어렵게 만들었기 때문이다. 당시의 일부 문서에서 발견되는 맹로법에 대한 학생들의 오해는 많은 부분 바로 언어소통의 문제에서 기인한 것일지도 모른다.

기계창과 연관하여 이 시기 중요한 점이 있다면 맹로법이 기계창에 대해서 내리는 평가를 확인할 수 있다는 점이다. 그는 기계창의 유용성과 중요성을 숭실학교의 부차적 가치로서 보다는 교육사역의 일부로서 인정해야 함을 역설하고 있다. 그 이유는 '훈련된 두뇌'와 '숙련된 손기술'을 가지게 될 때 피교육자들은 자신들이 도달하게 될 가능성을 자각할 수 있게 될 것이라고 믿기 때문이다. 이러한 일들이 바로 기계창의 자조활동을 통해서 얻어지게 되기 때문이다.

맹로법은 자신이 감당하고 있는 기계창과 사역의 미래와 연관해서 계속해서 발전적인 제언을 서슴지 않는다. 먼저, 다수의 학생들을 위한 공예작업(manual training) 분야는 지속되어야 하고 더욱 정교한 작업을 할 수 있는 시설이 확실하게 보장되어야 함을 주장한다. 그 이유는 기계창에서 일하는 숭실중학생 중 소수만이 대학에 진학하기 때문이다. 따라서 대다수의 학생들이 공예기술을 습득하지 않으면 그들은 다른 이들이 생산해 놓은 것을 그저 소비하면서 의존할 수밖에 없는 존재들이 될 수밖에 없다.

맹로법은 이러한 자신의 상업학교 추진을 통한 실용적 교육의 중요성을 강조하기 위해서 법률교육과 무역을 중시하는 유대인의 실용적인 교육정책에로의 전환과 95%의 대학 미진학자들 중심으로 교육과정을 전환한 미국의 예를 든다. 그는 상업학교의 활성화를 미개인들을 일깨우고 그들을 발전시킬 수 있는 급선무로 생각했다.

한국인을 주의 깊게 관찰해온 사람으로서, 저는 한국인들이 단일 민족의 명맥을 지켜온 수백 년의 세월동안, 희생을 감내하려는 사람들에게 지나치게 의존하려고 한다는 사실에 다소 걱정이 앞섭니다. …저는 기계창에 대해 우리 선교지부뿐 아니라 선교사들 전체 멤버들과 상의해 왔고, 우리가 진행하여 왔던 방식 그대로 그리고 예외 없이 손으로 하는 훈련을 계속해야 하는 타당성, 그리고 가능하다면 상업학교를 추진하는 것에 대해 의견을 나누었습니다. 우리 선교지부에서 급속도로 증가하고 있는 학생수를 통해 강조된 것처럼, 손으로 하는 작업 교육을 위해 잘 갖추어진 시설이 확실히 보증되어야 한다는 사실이 점점 더 명백해지고 있습니다. 그러한 교육은 선택된 교육 가운데서 취해질 수 있으며, 주요한 교육 중 하나로 요구된 항목이 될 것입니다. 그러한 제안을 하는 근거는 다음과 같습니다. 앞으로는 우리 학생들 중 소수의 학생들만 대학에 진학할 것입니다. 가르침을 받은 다수의 학생들이 학교를 떠나겠지만, 생산계급에 자리잡는 경우는 거의 없을 것입니다. 결과적으로 다른 이들이 생산한 것에 의존하면서 살아갈 수밖에 없을 것입니다. 국가들 가운데 당연히 최고로 간주되는 유대인들은 법률 교육과 무역을 가장 고유한 책무라고 생각합니다. 최근 우리나라는 교육 방법을 급진적으로 개혁했고, 비일상적 전문가를 위하여 대다수의 삶에 지장을 주기보다는 단과대학에 진학하지 않는 95%에 적합한 공부로 전환되고 있습니다. 특히 위스콘신 대학과 미시간 대학과 같은 큰 주립 대학은 고등학교 이상으로 진학하지 않으려고 하는 학생들에 대한 성공 덕분에 세계적인 칭송과 칭찬을 받아오고 있습니다. 우리는 사람들과 연관된 우리 정부의 교육 정책에 지대한 영향을 준 이러한 기관들이 최근 양 대륙에서 영역을 획득했다고 믿습니다. 상업학교들이 미개한 사람들의 발전을 도모하기 위한 급선무로 여겨졌기 때문에 우선적으로 강조되었습니다.[13)]

늘 학생들과 함께 지냈던 맹로법은 단일민족을 주장하며 운명주의에 빠져 있는 한국인들의 사고방식에 대해서 우려를 표명하면서 그러한 의식구조를 극복하고 학교를 졸업한 이후 그들의 인생이 더욱 풍요롭기 위해서는 교육이 보다 실용 중심적이어야 함을 강조한다.

한편 단호한 스코틀랜드인 기질과 탁월한 장인정신을 가지고 있던 맹로법은 학생들 사이에서 인색하고 옹졸한 성격의 인물로 비쳐지기도 했다. 김형직 전기에서 묘사된 맹로법의 일화가 대표적인 경우다.

> 김형직은 오전에 큰 기와집 들보를 깎던 작업을 인계 받아 오후에 들보를 깎았는데, 오전조에서 보에 쳤던 아래먹줄과 윗먹줄을 맞추지 않고 들보를 깎았기 때문에 그만 보를 못 쓰게 되는 사고가 발생하게 된다. 이틀이 지나서야 이를 알게 된 맹로법은 그날 그곳에서 일한 두 개조 6명의 학생들에게 3일간의 품삯을 주지 않겠다고 하였다. 김형직은 맹로법 장로에게 찾아가 누구의 잘못인지 해명하지도 않고 이에 대한 책임을 물어 집단적으로 품삯을 주지 않는 처벌은 부당하다고 항의하였다. 맹로법 장로와 타협을 찾지 못하자 김형직과 학생들은 배위량 교장을 찾아가 부당한 행위에 대해 항의하였다. 배위량 교장은 교직원 회의에서 몇 차례의 토론 끝에 학생들에 대한 처벌을 취소하고 학생들에게 수고비를 지불하기로 결정하였다.[14)]

김형직의 이러한 언급은 당시 기계창과 기계창을 책임지고 있던 맹로법, 그리고 기계창 운영에 관한 몇 가지 사실을 우리에게 제공해 주고 있다. 기계창과 연관해서 김형직은 그의 전기에서 여러 가지 일화를 소

---

13) 맹로법의 1913-1914년 기계창에 대한 보고서.
14 『김형직선생전기』, 조선로동당 출판사, 2004, 53쪽.

개하고 있다. '선교사들의 일요일(주일) 교회 출석 강요', '기계창 임금착복과 인격적 모욕', '동맹휴학 사태' 등 기계창에서의 맹로법과 근로와 연관된 사건들이다. 그러나 김형직의 전기는 미국선교사들에 대한 비판 일변도의 편향성을 보여 주고 있다. 김형직의 전기에서는 숭실학교를 세우고 이끌었던 베어드를 비롯한 교수들의 노고에 대한 객관적 평가를 찾아 볼 수 없다. 이러한 면들은 김형직의 지도력을 높이 칭송하고자 하는 목적을 가진 김일성 가문 우상화의 연장선상에서 해석해야 될 듯하다. 이는 당시 함께 학창시절을 보냈던 다른 이들의 회고에서는 발견할 수 없기 때문이다. 만약 맹로법이 그와 같은 인격적 결함을 가지고 있었다면 어떻게 25년 이상 평양선교지부에서 일할 수 있었겠는가?

첫째는 맹로법의 성격과 관련해서다. 그는 자신의 신앙과 성격대로 잘못된 사실에 대해서는 타협하지 않고 철저하게 책임을 물었던 것으로 보인다. 그가 그렇게 했던 데는 잘못된 일처리와 관행에 대해서 분명하게 책임을 물음으로써 추후 그러한 일이 발생하지 않도록 하기 위함이었던 것 같다. 어쨌든 두 개조 6명에게 3일간의 품삯이 지급되지 않은 일은 나중에 재고가 되어 임금이 지불되었다. 이 일로 베어드 교장까지 나서서 중재했지만 합의점을 찾지 못하다가 여러 차례 교직원 회의를 거쳐 최종적으로 품삯을 주기로 결정한 것이다.

둘째는 기계창에서 근로하던 학생들의 노동수준에 관한 정보다. 모든 학생들이 맹로법이 원하는 수준에서 일을 잘 한 것이 아니었던 것이다. 유능하면서 지혜롭고 성실하게 일을 잘 하는 학생이 있는가 하면, 서툴고 느리게 일하는 학생들도 있었던 것으로 보인다. 여기서 발생하는 오해와 불미스러운 일이 있었던 것 같다. 학생들과 맹로법은 종종 충돌할 수밖에 없었던 것이다.

셋째, 맹로법의 과중한 업무로 인한 문제다. 맹로법은 숭실학교의 기계창을 총괄하는 일은 물론 평양선교지부에서 진행하는 다양한 건축

사업들에도 관여해야 했으며, 선교사들 거주지의 수리 역시 그의 몫이었다. 따라서 그의 입장에서 본다면 기계창에서의 모든 일들이 순조롭게 진행되어야 다른 일도 수월하게 진행이 되기 때문에 이를 위해서 엄격한 원칙과 질서가 유지되어야만 했던 것이다.

1914년 1월 2일 언더우드가 포스트에게 보낸 서신을 보면 당시 평양에 한국에서 가장 좋은 몇 개의 한국식 기숙사를 지은 사람으로 알려진 맹로법에게 경제성, 효율성, 감독이 용이한 학교 기숙사 건축에 관한 조언을 구했던 것으로 보인다. 이에 대해서 맹로법은 관리 재정에 용이한 기숙사 건축에 대해서 자신의 경험을 통해서 조언해 준다.[15] 당시 맹로법이 선교사 사회에서 경험과 탁월한 전문성을 가진 선교사로 인정받고 있었음을 확인시켜 준다.

매년 이루어지던 연례보고가 14년 이후 보이지 않다가 1918년 8월 15일자 브라운박사에게 보낸 편지가 있어 그간의 사정을 짐작하게 한다.

> 여러 해 동안 선교본부와 조선선교회 사이의 의견차가 눈에 띄게 확대되고 있다는 것이 선교회의 평신도 회원들에게 더욱 더 명확해졌고, 화해와 조정을 유도하기 위한 노력이 결실을 맺지 못하고 있는 것 같습니다. 방대한 양의 서신과 사실들, 그리고 법률과 판례의 인용들은 의견의 차이를 해결하지 못할 것입니다. 근래에 의견을 제시했던 선교부의 한 회원은 양자의 갈등을 위한 유일하고 가능한 해결안은 선교

---

15) 이만열, 옥성득 편역, 『언더우드 자료집』Ⅴ,(서울: 연세대학교 출판부, 2010), 8-9. "그 건물들은 한옥 양식으로 지어서 네 명 혹은 그 이상의 학생들이 함께 모여 식사준비를 할 수 있습니다. 모든 면에서 그것이 얼마나 성공적일지는 잘 모르겠습니다. 우리가 다시 짓는다면 나는 그 양식에 반대할 것입니다. 내 생각에는 좀 더 나은 구조는 중앙 난방 장치와 공동으로 사용할 수 있는 부엌이 있는 건물입니다. 이런 구조로 건축하면 관리와 재정 운영을 좀 더 잘 할 수 있다고 생각합니다."

> 회의 분과를 분리 독립시키는 것이라고 대답했습니다. 이것은 극단적인 상황을 위한 해결책이 될 수는 있겠습니다. 하지만 강제로 결정되지는 않을 것으로 믿고 기도하고 있습니다. 저의 의견이 반드시 반영되기를 바랍니다. 우리는 다소 슬픈 마음으로 현재의 어려움을 극복해 나갈 방법을 찾기 위해서 시간을 보내고 있습니다. 미래가 우리를 위해 무엇을 보장해 줄 것인가를 생각하고 있습니다. 거듭 말씀드린 것처럼, 많은 사람들이 도움이 되는 요인은 선교부와 선교회 사이의 인간적 배려가 부족하기 때문이라는 사실을 인정했습니다.

우리는 이 기간 그러니까 1911년부터 15년 사이에 이른바 대학문제로 매우 격렬한 논쟁이 벌어지고 선교회원들 사이에 긴장과 갈등이 있었음을 알고 있다. 그리고 그 핵심 당사자가 베어드와 언더우드라는 사실도 알고 있다. 따라서 이 기간에 있었던 선교본부와 조선 선교회 사이의 갈등이란 이것을 말하는 것으로 생각된다. 이 일로 맹로법도 결코 자유로울 수 없었을 것이다. 자칫 평양 숭실대학의 폐쇄조치가 내려질 수도 있는 정황이었기 때문이다.

1918년부터 이후 1932년까지 맹로법은 연례보고도 개인보고 자료가 보이지 않는다. 14년간이다. 그 원인은 좀 더 찾아보아야 한다. 그의 손으로 작성된 보고서는 현재로서는 확보하기 어렵지만 그러나 당시 여러 사람의 책임자들이 보낸 보고서에 기계창과 맹로법의 활동에 관한 내용이 담겨져 있다. 다음은 1924년 방위량의 보고서에 담겨있는 맹로법에 관한 이야기이다.

> 맹로법씨는 해마다 50명에서 100명에 이르는 학생들의 직업 훈련을 시키고, 학생들이 학교에서 목공일이나 다른 부서에서 일하면서 자립할 수 있도록 도움을 준 기계창의 총책임자였습니다. 16년 동안 그가 휴

가를 가기 전 까지는 우리가 미처 깨닫지 못할 만큼, 그는 선교지부의 자산을 돌보는 일과 여러 방면에서 많은 사람들을 도왔습니다. 평양에 있는 22개의 가정과 12개의 기관에서 물탱크가 터지거나 수도꼭지가 새거나, 혹은 난방 설비가 작동하지 않으면, 장로교인이나 감리교인이나 상관없이, 가장 먼저 하는 일은 맹로법에게 사람을 보내는 것입니다. 그는 항상 선교지부의 자산위원회(Station's Property Commitee)에서 자리를 지키고 있었는데, 그가 부임한 이후 총책임자로서 선교지부에서 설립한 건물들을 관리하고 있었습니다. …그는 평양 선교지부의 친구이자 후원자인 Davis의 후원을 받았는데, 데이비스는 이길함 목사의 유년 시절 친구였습니다. 데이비스 부부는 기계창을 후원했습니다. 2년 전에 맥머트리를 위해서 지어진 아름다운 작은 집은 데이비스씨의 선물이었습니다. 선교지부는 데이비스와 그의 형이 최근 우리 사역을 도운 일에 대해 매우 감사해 하고 있습니다.[16)]

1931년 맹로법은 기계창의 일 년 회계결산을 보고한다. 그러면서 그는 일 년 전 라이너씨가 사업이 꾸준히 발전하고 있음을 보여주는 몇가지 비교를 하였다는 것과 평양과 같은 넓은 선교지에서 사역하면서 기계창과 같은 산업에 익숙한 사람은 해야할 일이 너무 많아 일일이 기록할 수가 없다고도 하였다. 산부인과병원 설비부터 무덤을 파고 비석을 세우는 것까지 삶의 시작부터 마지막까지 모든 것을 제작하도록 요청받기 때문이며 마치 약방의 감초인 듯하다는 표현도 하고 "팔방미인은 문제될 것 없다"는 말도 듣는다고 하였다. 그러면서도 기쁘게 생각하고 있음과 그가 함께 일했던 소년들을 최고의 학생으로 만들었다는 칭송과 평가를 숭실대학과 숭실중학의 교장으로부터 듣는 것이 그의

16) 1924년 8월 22일 방위량(W. N. Blair)의 보고서

기쁨이라고 하였다.[17)]

1932-1933년에 맹로법이 개인보고서를 보낸다. 이는 그의 사역 마침을 앞둔 최종 보고서와 같은 성격을 보여준다. 그는 여기서 이렇게 말했다.

> 칠십이거나, 건강하다면 팔십이라도 그 강함은 수고와 슬픔뿐이라는 성경 저자가 기록한 바와 같이, 만약 나에게 남은 해를 헤아린다면, 아직 살아갈 날이 18년이나 남아 있습니다.
>
> 선교부의 규칙에 따라서 지난 4월 4일부로 장로교 해외 선교부의 조선 선교부와의 나의 연관은 자동적으로 해지되었습니다. 하나님께서 나로 하여금 한국에서 사역하도록 허락하신 25년은 정말로 행복한 시간이었습니다. 그 기간은 사실 바쁘고 분주하였지만 그 시간들을 되돌아보면, 정말 분주한 것처럼 보이지만 그만큼 더 행복한 시간이었습니다.
>
> 이제 나의 봉사기간이 끝나, 인구가 엄청나게 불어난 거대 도시의 시민이 되었습니다. 하지만 이곳의 거주민이 되기 위해서는 끊임없이 고된 일에 대한 계획과 실행이 끝난 것에 대한 보상, 책임 그리고 관심을 갖게 됩니다. 그리고 저는 이제 더 많은 일에 대한 소망을 품고 착수할 시간을 갖고자 합니다. 그 시간은 옳은 일을 할 시간이며, 더 정중하게 되는 시간이며, 어린이들과의 우정을 쌓기 위해서 더 인내하고 최선을 다할 시간이 될 것입니다.
>
> 기계창은 올해 새롭게 보고할 내용이나 흥미로울만한 것은 없습니다. 그러나 작년에는 수많은 학생들이 그들에게 지불한 것과 우리의 사업을 통해 얻은 수익을 통해 이전 그 어느 해보다도 더 많은 수의 학생

17) 맹로법이 작성 보고한 1930-1931 Anna Davis Industrial Shop의 연말 회계출납부

들이 기계창을 통해 도움을 받았다는 사실을 말씀드릴 수 있겠습니다. 5,000엔 이상이 우리 학생들에게 지급되었으며, 우리 사업의 총액은 4만 엔을 넘어섰습니다. 우리가 하는 작업의 다양성을 열거하려고 할 때, 우리가 선교부와 선교지에 봉사하는 수고를 능가할 만큼 우리 작업의 다양함을 신중하게 절충해서 말씀드릴 수 있을 것입니다.
아마도 이것이 마지막 보고서가 될 듯합니다. 저에 대한 그의 선하심과 내가 속한 선교부의 한결같은 인내와 베풀어주신 호의에 대해서 하나님께 진심으로 감사드립니다.

1919년부터 1931년까지의 연례보고서가 없어서 구체적인 그의 행적과 업적을 살필 수 있는 보다 신뢰할 만한 직접적 자료는 없다. 다만 평양 선교지부의 보고서와 숭실학교의 보고서, 그리고 베어드를 위시한 숭실 관련 선교사들의 개인 보고서 혹은 일기들의 자료를 통해 기계창과 맹로법의 사역에 관한 자료를 얻을 수 있다는 점이 그나마 다행이다.

3. 감초 같고 대들보 같은 삶

맹로법은 미 북장로회 해외선교부의 규칙에 따라 1933년 4월 4일부로 퇴임하게 되었다. 그는 평양 선교지부에서 평신도 선교사로서 25년 동안 사역했다. 그는 숭실학교 창립 35주년 기념식에서 근속표창을 받기도 했다. 맹로법이 은퇴하던 해, 숭실학교와 관련된 몇 개의 자료가 그의 은퇴를 공적으로 알려주고 있다.[18] 1932-1933년 평양선교지부 연례보고서는 은퇴하는 맹로법에 관하여 자세하게 보고하고 있다.

선교지부에서는 올 해 또 다른 한 분이 규칙에 따라 은퇴하였습니다. 70세 생일을 맞아 맹로법 씨가 4월 4일 선교지부의 정규 회원으로 자동 은퇴하였습니다. 그는 1907년 12월 한국에 와서, 이 선교지부(평양)의 산업사역의 책임을 온전히 맡아왔습니다. 그는 기계창의 관리자로서 25년간 강력한 지도력을 발휘하여 한국의 젊은이들에게 깊은 인상을 남겼는데, 그는 한국인 선교에서 상당한 성과를 내었고, 한국 교회의 리더 위치에 있는데, 학교에서 자신의 생활비를 마련하면서 그를 통해 노동의 소중함을 배웠습니다. 하지만 그의 영향력은 한국의 젊은이들에 국한되지 않았고 평양 외국인학교에 참석할 특권을 가진 선교사들의 자녀들에게까지도 깊은 감동과 영향을 주었습니다. 이러한 사실을 인식한 이 학교의 학생들은 학교 이사회에 1931년에 신축된 체육관의 이름을 '로버트 맹로법 체육관'으로 명명하기를 간청했습니다. 비록 그는 공식적으로 은퇴했지만, 후계자가 선교위원회에 의해 결정되기까지는, 그가 시작했던 사역을 선교지부에서 이어갈 수 있는 유일한 사람이었기 때문에, 그는 이전과 마찬가지로 여전히 적극적으로 일하고 있습니다.[19]

1932년 6월 18일자 윤산온 교장의 연례보고서에서도 맹로법에 대한 치하가 담겨있다.

우리는 기계창의 책임자로서 800명이나 되는 졸업생들을 훈련시키는

18) 1932년 10월 12일자 東亞日報와 일 주일 후인 10월 19일 基督申報, 11월 10일자 신한민보 등에서 숭실학교 창립기념 35주년 기념식에 관한 보도를 하는 중에 근속직원 맹로법과 연관된 기사를 다루고 있다. 숭실대학교 한국기독교박물관, 『숭실대학교 역사자료집』 I - 학사일반, (서울: 숭실대학교 한국기독교박물관, 2017), 189-190.

19) 1932-1933년 미국 장로교 내한선교회 평양선교지부 연례보고서.

데 지대한 공헌을 해왔던 맹로법의 공헌에 대해 치하하고자 합니다. 신실한 사랑의 마음을 소유한 그의 엄격한 스코틀랜드식의 훈련은 학생들을 최고의 인재로 만드는 계기가 되었습니다. 많은 학생들은 맹로법이 지도한 인성 훈련이 자신들의 삶에 지대한 영향을 주었다고 이야기했습니다. 그는 정말 따라가기 어려울 만큼 비범한 인물이었고, 우리는 모두 하나님께서 맹로법의 정신을 지니고 그가 수행했던 작업을 계승할 사람을 속히 보내주시도록 소망하며 기도하고 있습니다.

윗글에 이어서 그는

조만간 나는 맹로법과 모의리에 대한 읽을 가치가 있는 책을 기술하려 합니다. 그들은 매일, 여름, 겨울, 봄, 가을, 눈이 오나 비가 오나 꾸준히 일하였으며, 하나님께서 섬김에로 부르신 이들, 선교사들을 보는 이들, 가난한 한국인들을 위해서 항상 열심히 사역하신 점에서 학생, 교사, 그리고 한국인 모두가 인정하는 대들보같은 인재입니다.

라고 하였다. 그해 곧 1932년 숭실전문에서는 개교 35주년을 자축하면서 본관을 3층으로 증축하고 맹로법 등 3인을 근속표창하였다.[20)]

그러나 위의 보고서에 있는 대로 그는 퇴임 후에도 후임자가 세워질 때까지 한 동안 계속 근무한 것으로 되어 있다. 평소와 같이 기계창 사역 외에도 교회의 장로로서, 평양 외국인교회 주일학교 영어부에서 소년들을 가르친 것도 말할 나위없다.

---

20) 1932년 10월12일 동아일보 기사 참조【上】新築한崇實舘【下)】三十五週年記念式光景 1932.10.12. 동아일보 3면 사회 사진【上(상)】新築한崇實舘三十五週年記念式光景【中央】勤續職員 (左)맹로법 (右)羅頌德(나송덕)

맹로법은 1933년, 한국에서의 25년 동안의 사역을 마치고 고국으로 돌아갔다. 귀국하여 10년이 지난 1943년, 그는 평양 선교지부에 소속된 숭의여학교에서 교장으로 일했던 스눅(Velma Snook: 鮮于理)[21)]여사와 결혼했다. 당시 펜실베니아의 독일 마을에서 있었던 이들의 결혼식은 두 사람 모두 80세 이상의 고령이었기에, 선교부에서 큰 뉴스거리가 되었고 수많은 사람들의 관심과 축복 속에 진행되었다. 그들의 결혼 3년 후인 1946년 11월 13일, 맹로법은 플로리다 주 세인트 피터스버그(St. Petersburg, Florida)에서 86세를 일기로 하나님의 부름을 받았다.[22)]

맹로법은 숭실학교와 평양 선교지부를 위해 자신을 기꺼이 희생하고 섬긴 평신도 지도자였다. 그는 기계창의 총책임자로 부임하였지만 평양 선교지부에서 진행되는 각종 건축과 건축 이후의 운영과 관리까지 도맡아 그의 표현대로 마치 약방의 감초처럼, 또 팔방미인처럼 모두의 문제를 해결하고 도움을 주는 위치에 자신을 세워 나갔다. 윤산온의 표현으로는 그는 평양선교지부의 대들보였다. 그가 은퇴하고 난 후 그가 부재하자 그의 빈자리는 더욱 크게 느껴짐을 많은 이들이 토로했다. 그는 항상 우직하고 성실했고 진실했던 섬김의 지도자였다. 더불어 그는 공학인답게 한 치의 오차도 허용하지 않는 정교한 사고방식을 가진 장인이었다. 그의 성품은 강직했고 남달리 책임감이 강했다. 그는 한국을 사랑했고, 숭실학교의 인재들을 뜨겁게 품고 자신의 자리에서 최선을 다했던 헌신적인 지도자였다고 평가할 수 있겠다.

---

21) 스눅(Velma L. Snook 鮮于理: 1866-1960)는 1900년 11월 미 북장로회 소속 선교사로 내한하여 평양선교지부에서 활동했으며, 1903년부터 1936년 신사참배 거부로 교직권을 박탈당하고, 은퇴할 때까지 숭의여학교 교장 및 교사로 교육선교에 주력하였다. 윌리엄 베어드, 김용진 역,『윌리엄 베어드의 선교리포트』 I ,(서울: 숭실대학교 한국기독교박물관, 2016), 160.

22) H. A. Rhodes, 최재건 역,『미국 북장로교 한국선교회사』, (서울: 연세대학교출판부, 2009), 93.

제2장
자조 실업교육

1. 숭실의 건학이념 - 진리와 봉사

맹로법과 기계창의 관계를 논하려면 숭실학교와 기계창의 역사와 그 관계를 먼저 알아야 한다. 윌리엄 베어드는 숭실학교에 1902년 기계창을 만들고 이를 효율적으로 운영할 적절한 인물을 물색하고 있었다. 그러다가 이에 가장 적합하다고 추천된 인물이 맹로법이었기 때문이다. 이 판단은 적확하였다. 맹로법이 기계창운영책임자가 된 이후 이 기관은 숭실대학을 설명하는데 있어서 빠질 수 없는 기구의 하나였을 뿐만 아니라 한국 최초의 근대 대학이라는 수식어를 갖고 있는 대학 이미지에 걸맞은 족적을 남겼다. 숭실학당이 처음 시작된 곳은 평양 교구의 베어드의 사랑방이었다. 1897년 10월 베어드는 13명의 학생들과 함께 자신의 사랑방에서 중등교육반으로 학당을 시작한 것이다. 1901년에 세워졌던 숭실 최초의 건물은 그래함 리[23]의 감독과 렉[24]의 협력

---

23) 이길함(Graham Lee 1861-1916) 목사는 매코믹 신학교 시절부터 S.A. 마펫의 친구였다. 1892년 10월 한국선교사로 부인과 함께 왔다. 관서지방 개척선교사로 일함1895년 이후 평양에 거주하며 지역선교 및 신학교 등에 봉사 마펫이 크게 신뢰하는 동역자였다.

으로 세워져 나중에는 도서관으로 활용되었다. 이때 5년 과정의 학제가 채택되었고, 교회로부터 60원이 넘는 기부금을 받았고, 50명의 학생 중 절반이 근로부 학생 명단에 등록되어 있었다.

1904년 5월 17일에 숭실중학 첫 졸업생이 3명 배출되었고, 1905년 6월 12일에 두 번째 졸업생이 4명 배출되었다. 1905년 당시 숭실 학생의 총 수는 100명이었다. 1905년 가을에는 15명의 감리교 학생들을 받아들이면서 북감리교 선교회와 연합사업을 시작하게 되었고, 등록된 학생의 총 숫자는 160명이었다. 기계창은 보다 전문화된 분야의 설비까지 갖추게 됨으로써 대학부 학생들에게 자립의 길을 열어 주는 계기가 되었다. 이처럼 숭실학교는 1897년 기독교의 진리와 학문의 진실을 탐구하고, 현실적으로 실질과 실용을 중시하는 건학이념을 표방하면서 설립된 한국 최초의 근대식 대학이다. 창학자였던 윌리엄 베어드 박사는 도탄에 빠져 있는 한국사회와 한국교회를 위한 기독교정신에 부합하는 인재를 양성하는 것이 이 학교의 존재 목적임을 분명히 했다. 그리고 그것은 형이상적이고 이론적인 인재상보다는 과학기술과 현실에 구체적으로 적용할 수 있는 실용적 인재를 키우는 것이었다. 그리고 이러한 창학정신을 가장 명료하게 드러내는 기관 가운데 하나가 바로 기계창이다. 즉 숭실학교는 기계창을 통해서 기독교의 진리를 숭상하고, 현실적인 삶의 영역에서 자립을 위한 실용중심적인 교육을 구현하는 인재를 양성해 냈던 것이다. 그리고 이는 자립형 인재를 길러내는 실용교육의 효시를 마련했다는 평가를 받고 있다.

진리의 탐구는 무엇보다 기독교가 가지고 있는 진리를 깨닫고 이에

---

24) 조지 렉 목사는 "외국의 선교사가 되는 것은 미국의 대통령이 되는 것보다 훨씬 더 영예스러운 일이다"라고 말할 정도로 선교사에 대한 긍지를 가졌던 사람이었다. 그는 1900년에 내한, 평양에서 사역하다 천연두에 걸려 1901년 성탄절에 숨졌다.

대한 실용적 실력을 갖춘 하나님의 사람을 육성하는 것이라고 말할 수 있다. 그리고 실제로 숭실학교는 조선말, 대한제국, 일본제국 병탄기의 혼돈과 격동의 시대 속에서 참되게 살아가는 인재양성의 길을 열어 보여 주었다.

숭실학교는 먼저 학문의 기본원리로서의 진리의 탐구를 위해 힘썼다. 따라서 일반 과목 이전에 예배와 성서교육을 중시했다. 그리고 나아가 성경 이외에도 과학과 수학, 그리고 음악을 필수과목으로 가르쳤다. 이러한 교육과정을 통하여 만물이 생성되고 발전하는 원리를 알고 나아가 하나님의 심오한 섭리를 엿볼 수 있게 한 것이다.

흥미로운 사실은 평양 숭실대학에서 본관에 이어 두 번째로 세워진 건물이 다름 아닌 최신 실험기재를 갖춘 과학관이었다는 점이다. 당시의 여러 정황을 고려해 봤을 때 과학관을 갖추고 과학적 사고에 근거한 실용기술 교육을 위한 전문적인 건물을 짓는다는 것은 놀라운 일이다. 그만큼 과학적 탐구 교육을 중시했다고 평가할 수 있겠다. 이후 과학관은 학교의 건학정신의 구체적 발현의 확충에 따라 차츰 확장되어 합리적이고 과학적인 사고 능력과 근대 학문의 특징인 실증의 능력을 길러주는 장이 되었다.[25)] 기계창은 과학을 표방하고 노동을 중시하는 숭실학교의 건학정신 구현의 연장선상에서 이해될 수 있다. 즉 숭실이라는 교명은 '실(實)을 숭상한다'이니 이는 당대의 시대정신을 반영한 이름이며, 기계창은 이러한 숭실의 건학이념을 구현에 매우 적절한 기관이었기 때문이다.

봉사의 정신은 숭실학교의 존재목적을 규명하는 핵심가치다. 1897년 8월 열린 미 북장로교 한국선교부 연례회의에서 교육자문으로 일했던 베어드는 '우리의 교육정책'을 입안 발표하게 되는 데, 바로 그 첫째 항

---

25)『숭실 100년사』, 61.

은 "학교설립의 목적은 학생들에게 유용한 지식을 가르쳐 그들로 하여금 실사회(實社會)에 책임과 직분을 맡아 봉사하게 하는 데 있다."[26]하였으니 바로 봉사 정신이었다. 따라서 봉사는 철저한 자기희생과 헌신을 전제로 한다. 봉사는 먼저 자신을 온전히 알고 자신을 깨뜨려서 공생(共生)하려고 할 때 시작되기 때문이다. 그리고 봉사의 구체적인 모습은 이웃과 내가 속한 공동체를 위해 땀 흘려 일하는 모습을 통해서 구현된다. 예수 그리스도는 섬기고 봉사하기 위해서 이 세상에 왔음을 성경을 통해서 분명히 밝힌 바 있다. 따라서 이러한 예수 그리스도의 정신에 기반을 둔 숭실학교는 설립 초기부터 교회와 사회를 위한 희생과 봉사의 생활을 강조했던 것이다.

이러한 봉사정신의 추구는 숭실학교의 교육을 삶의 현장에서 자조와 자립을 목표로 하는 노동을 통해서 구체화되도록 만들었다. 즉 진정한 의미에서의 '일하는 숭실인'을 지향하도록 만들었다. 일하는 가운데 땀의 가치와 노동의 신성함을 깨닫고 실천할 수 있게 한 것이다.[27] 기계창은 바로 이러한 봉사 정신이 구체적으로 구현될 수 있는 장(場)이었다.

초창기 숭실의 건학이념은 위에 설명한 진리와 봉사 외에 하나 더 자유가 있었다. 자유는 온전한 자립이 이루어질 때 주어진다. 진정한 자유는 타인에게 의존하거나 의지해서는 얻을 수 없기 때문이다. 숭실학교의 창학자인 베어드는 평양에서 학교를 시작할 때부터 자립의 정신이 얼마나 귀중한지를 알고 있었다. 당시 학생들 대다수는 청소부나 서기, 기타 일을 도우며 학비를 얻게 되었다. 요즘말로 하면 근로 장학생인 셈이다. 이들의 일거리를 지속적으로 개발하는 것은 이들 학생들의

---

26) 리처드 베어드, 숭실대학교 뿌리찾기위원회 역주, 『윌리엄 베어드』, (서울: 한국기독교문화연구원, 2016), 220.

27) 『숭실 100년사』, 62.

학업 지속여부에 직결되었다. 이것은 학교 지도자들의 과제였다. 그리고 그러한 과제해결 노력의 결실이 바로 기계창이다. 따라서 기계창은 숭실 창학이념이 실제로 실천되어져 갈 수 있도록 기능한 값진 도구인 셈이다.

2. 베어드의 자조 실업교육 이념

기계창은 숭실의 건학이념에 충실한 공기(公器)로서의 역할을 감당 해왔다. 이는 교육 선교사로 한국에 들어와 평양에 숭실학교를 세운 베어드의 사상, 그리고 교육방법과 밀접한 연관성을 가짐을 의미한다.

베어드는 1862년, 미국 인디애나주 클락 카운티(Clark County) 찰스턴에서 출생하였다. 그는 1885년에 인디애나주 하노버대학을, 1888년에 시카고의 맥코믹 신학교를 졸업했으며, 1903년 하노버대학에서 철학박사 학위를, 1913년 하노버 대학에서 명예신학박사 학위를 취득했다. 1890년 아내 애니 베어드(Annie Laurie Baird: 1864-1916)와 결혼했으며, 그 해 여름 미국 북장로교 소속의 한국선교사로 내정되었고, 이듬해인 1891년 3월 25일 내한하여 1931년 11월 29일 평양에서 죽을 때까지 40여 년 동안 한국선교를 위해서 힘썼다.

베어드의 신학과 신앙적 배경은 청교도적 복음주의라고 볼 수 있다.[28] 베어드의 아버지 존 마틴 베어드(John Martyne Baird: 1818-1904)는

28) 김영한, “윌리엄 베어드의 신학사상”, 한국기독교문화연구소 편,『베어드의 선교와 사상』(서울: 숭실대학교출판부, 2013), 90.

교육을 제대로 받은 의사였지만 농사도 짓고 방직공도 숙련되게 감당해 낼 수 있는[29] 스코틀랜드계 미국 장로교회 장로였다. 어머니 낸시 베어드(Nancy F. Baird, 1827-1890)는 미국 남부 캐롤라이나 주의 언약교회(The Covenanters : 스코틀랜드 장로교회 계열) 교인으로서 베어드는 어려서부터 주일을 엄격하게 성수하는 개혁교회 전통에서 자라났다.[30] 베어드의 청교도적 신앙과 인격 그리고 경건한 생활태도는 그의 유년시절부터 모친의 적극적인 교육하에 형성된 것이었다. 어린 시절, 베어드는 방학이 되면 농장에서 일하고 어머니로부터 몇 십 달러를 받았는데, 그것이 일에 대한 급료인지 아니면 현찰로 준 선물인지는 명확하지는 않다.[31] 하지만 방학 동안 농장에서 일했던 베어드의 경험은 성실하게 땀 흘려 일하는 노동의 가치를 깨닫는 귀중한 경험이 되었다.

스코틀랜드의 엄격하고 실용주의적인 전통을 이어받은 베어드는 마펫과 함께 맥코믹(McCormic) 신학교를 다니는 중에 당시 대학생들과 신학생들에게 엄청난 영향을 준 학생자원운동(SVM : Student Volunteer Movement)에 큰 영향을 받게 된다. 베어드는 맥코믹 신학교에서 신학을 공부하면서 보수적인 정통 칼빈주의 신학과 청교도적 경건주의에 영향을 받았는데, 이러한 신학적 배경은 그의 신앙과 삶에 큰 영향을 끼쳤다.

윌리엄 베어드는 하노버대 예비학부 1년간, 대학부에서 4년 간, 시카고 소재의 맥코믹 신학교에서 신학부 3년간의 교육과정을 밟는 동안

---

29) 리처드 베어드, 숭실대학교 뿌리찾기위원회 역주,『윌리엄 베어드』, (서울: 한국기독교문화연구원, 2016), 20. 베어드 가문은 북아일랜드 지방에서 물려받은 뛰어난 방직기술을 소유한 장인(匠人)집안이었다. 이러한 뿌리 깊은 집안의 배경(신앙중심, 실용중심)이 베어드를 신앙과 실용 중심의 기독교교육을 추구하게 만들었다고 볼 수 있을 것이다.
30) Richard H. Baird,『베어드 프로파일』리처드 베어드, 숭실대학교 뿌리찾기위원회 역주,『윌리엄 베어드』, (서울: 한국기독교문화연구원, 2016).
31) Richard H. Baird,『베어드 프로파일』리처드 베어드, 숭실대학교 뿌리찾기위원회 역주,『윌리엄 베어드』, (서울: 한국기독교문화연구원, 2016).

학비의 대부분을 아르바이트를 통해 스스로 해결하였다. 이즈음 당시 하노버대학의 교수로 재직하였던 맏형 존 패리스 베어드의 도움을 받았다. 그보다 11살 위인 그의 형 존 베어드의 도움은 베어드가 학업을 마치는데 큰 힘과 격려가 되었다.[32] 하지만 그는 불가피한 경우가 아니면 형으로부터 어떠한 도움을 받지 않으려 하였다. 부득이하게 도움을 받는 경우에도 이를 일일이 기록하여 갚아 나갔다. 형은 빚 갚기를 원하지 않았지만 베어드는 학교 공부를 위해서 형에게서 진 빚을 갚지 않고는 해외로 선교할 수가 없다고 생각했다. 그래서 그는 졸업 후에 선교사로 가는 것을 잠시 미루고 교회에 부임하여 일하기도 하였다. 베어드는 미주리 주 오시올라(Osceola)의 장로교회에 목회하였으며, 콜로라도 주 델 노르트(Del Norte)의 교회에서 목회하기도 하였다.[33] 그는 형으로부터 받은 도움을 갚기 위해 성실하게 일하였다. 이와 같은 학창시절 베어드의 모습은 강한 자립의 의지를 갖고 있던 베어드의 인품을 잘 보여 준다고 하겠다.[34]

베어드의 이러한 청교도적 복음이해에서 기인한 자립적인 태도는 당시 한국선교부의 공식 선교 원칙인 네비우스 선교정책과 맞물려 정책적으로 지지되었다. 그리고 학원설립을 통한 교육선교를 도모했던 베어드는 기계창을 통해서 바로 숭실의 학생들에게 스스로 자립하는 인생, 자립하는 교회, 자립하는 민족이 되어 한다는 무형의 자산으로 가치 지워졌다고 볼 수 있다.

베어드의 노동관과 직업의식은 청교도적 신앙정신에 근거하고 있다

32) Richard H. Baird,『베어드 프로파일』 리처드 베어드, 숭실대학교 뿌리찾기위원회 역주,『윌리엄 베어드』, (서울: 한국기독교문화연구원, 2016).
33) Richard H. Baird,『베어드 프로파일』 리처드 베어드, 숭실대학교 뿌리찾기위원회 역주,『윌리엄 베어드』, (서울: 한국기독교문화연구원, 숭실대학교 출판부 2016).
34)『인물로 본 숭실 100년』, 456.

고 볼 수 있다. 이는 그가 경험했던 청소년기와 청년기의 경제적인 어려움과 가정과 교회를 통해서 형성된 확고한 기독교 세계관에서 나왔다고 볼 수 있다. 베어드는 어린 시절 비교적 유복하게 보내다가 집안의 오랜 가업(家業)이었던 직조공장이 문을 닫으면서 경제적인 어려움에 직면하게 되었다. 하지만 경제적인 어려움은 베어드로 하여금 보다 본격적인 학업과 자립적인 삶을 스스로 개척하도록 만드는 계기가 되었다. 인디아나주의 농촌 소년출신인 베어드는 육체를 통한 노동이 참으로 가치 있고, 소중한 것임을 몸소 체험을 통해 깊이 인식하고 있었다. 내한하여 본 당시 한국의 양반들은 손으로 노동하는 것을 스스로의 품위를 떨어뜨리는 것으로 여기고 있었다. 긴 옷을 걸치고 일하는데 전혀 손을 쓰지 않았다 것을 자랑이라도 하듯 손톱을 길게 기르고 다녔다.[35] 대다수의 한국 사람들도 육체노동을 천하게 여기고, 육체노동을 하지 않는 것을 자랑으로 여기고 있었다. 하지만 어릴 때부터 농장의 소년으로 자랐던 베어드는 손으로 노동하는 것을 품위를 떨어뜨리는 것으로 생각하지 않았다. 따라서 베어드는 이러한 당시 사람들의 잘못된 유교적인 사고방식을 할 수만 있으면 교육을 통해 변화시키고자 하였다.

베어드는 한국 교인들의 대다수가 가난한 농촌 출신이라는 점을 감안하여 학생들이 학비를 자체 해결할 수 있는 자립방안을 모색하지 않으면 안 되었다. 그래서 베어드는 초기 숭실 학당에서 공부하는 모든 학생들에게 주당 일정 시간 노동을 권유하였고, 그 대가로 벌어들인 금전으로 학비와 기숙사비를 스스로 지불하도록 했다. 이러한 그의 자립방안은 당시의 학생들에게 건강한 노동관과 직업의식을 심어 주었다고

35) Richard H. Baird,『베어드 프로파일』리처드 베어드, 숭실대학교 뿌리찾기위원회 역주,『윌리엄 베어드』, (서울: 한국기독교문화연구원, 숭실대학교 출판부, 2016).

볼 있다. 즉 노동에 관한 비성경적인 가치관이 지배하는 나라였던 한국에서 노동이 명예로운 일임을 가르치고, 학생들이 선교부에 의존하지 않고, 자립해서 공부할 수 있도록 배려하였던 것이다. 공짜로 무언가를 얻는 것을 당연시하는 당시의 상황에서 받은 가치를 되갚는 일의 도덕적 중요성을 가르치는 일은 그 자체로 윤리과목 전체와 견줄 수 있으며, '일하지 않는 것은 죄악'이라고 사실을 가르침으로서 학생들의 전 인생에 건전한 노동관과 인생관을 심어 주었다고 볼 수 있다.[36] 기계창은 이러한 베어드의 노동관과 직업의식이 직접적으로 실험되는 현장 그 자체였다.

1899년 베어드는 선교부 총무에게 보낸 편지에서 다음과 같이 쓰고 있다.

> 자신의 경험에 따르면 청소년을 학생으로 받아들이는 것이 어린 소년들을 위한 기숙학교를 운영하는 것보다 더 유망하다고 봅니다. 무료로 어린 소년들을 오랫동안 가르치면 선교회나 교회가 자신들을 먹여 살려야 한다고 생각하는 게으르고 감사할 줄 모르는 사람을 만들어내기 때문입니다.[37]

베어드는 학생들이 근로를 통해 적어도 부분적으로 학비를 내도록 하는 것이 마땅하다고 보았다. 그는 한국교회가 운영하는 미션학교를 통해서 초등교육을 받은 이들이 노동의 가치를 알고 자라 성장하여 기독교적 동기를 가진 청년들이, 기독교적 인격이 아직 형성되지 않은 어린 소년들보다 기독교 사역에 더욱 효율적이며 유용하게 쓰임 받으리라

---

36) 류대영, "윌리엄 베어드의 교육사업", 175.
37) *Baird to Ellinwood*, sept, 14. 1899, NPR. 류대영, 165. 재인용.

고 생각했다.

베어드는 처음 학당을 열었을 때 자비(自費)로 공부하는 학생을 받아들이기로 하였다. 이것은 젊은이들이 공부하려는 의지와 노동하려는 의지를 갖고 있는지 그들의 성품과 정신을 시험하기 위한 과정이고 절차이었다. 즉 정신적으로 성숙한 기독교 청년들을 가르쳐서 더 좋은 결과를 얻을 수 있는지 알아보기 위함이었다. 다행히 베어드는 교육받기를 간절히 열망하고, 성실하며, 일하면서 공부하기를 원하며, 다른 사람들을 이끌고 가르치기에 능숙한 전도유망한 젊은이들이 많이 있음을 확신하게 되었다. 결국 그는 엄격한 과정을 통하여 학생들을 선발했는데, 앞선 원칙들이 주로 적용되었다. 즉 기독교적인 인격이 형성된 학생들을 선발하여, 등록금을 내면서 수업을 듣도록 하고, 졸업 후에는 바로 교회의 일꾼으로 쓰임 받을 수 있도록 하는 것이다.

물론 베어드와 숭실의 선교사들이 갖고 있었던 자조 근로 산업부분의 활동과 교육은 선교사들에 의하여 이루어진 다른 학교에서도 진행되었다. 선천의 신성학교는 물론이고 경향 각처에 있는 미션스쿨에서는 대동소이한 형태로 진행되었다고 할 수 있다. 여기서는 숭의여학교의 자조부와 Lula Wells Institute에 대해서 약술한다. J. Hunter Wells 부인을 기념하여 명명한 이 기관은 교육 기회를 누릴 수 없었던 여성을 돕기 위해 고안되었다. 웰즈(L. Wells) 부인은 1919년 평양에 왔다. 대상은 소박맞은 부인, 과부, 취학 못한 소녀 등 불우한 여성이며 4년 과정으로 보통학교 과정을 교육시켰다. 이 기관의 책임을 맡은 도리스(Doriss)양이 산업부를 추가해서 지역 내 불운한 젊은 여성들을 돕는 사역을 위해 광범위한 계획을 세워 진행하였다.[38] 삶의 터전 밖으로 내몰린 많은 불행한 여성들이 희망의 집과 안식처를 마련하는 계획으로 인

---

38) 한국선교 평양선교지부 연례보고서 1919-1920년 편하설(C. F. Bernheisel).

해 도움을 받았는데, 많은 이들의 헌신적인 수고와 봉사로 인한 결실이었다. 1921년의 평양 선교지부 보고서에 따르면, 앤더슨(Anderson) 양은 방과 적당한 시설이 부족한 어려운 상황 하에서 작업이 진행되었음에도 자조부에서 매우 성공적인 해를 보냈다고 하였다. 비록 10명만이 편안하게 지낼 만한 방에서 30명의 소녀들이 일하는 어려운 여건 하에서도, 96명의 소녀들이 한 해 동안 그들의 식사비를 벌었다. 안타깝게도 더 많은 학생들이 이곳에서 일하기를 원했지만 수용공간의 부족으로 함께 지낼 수 없었다. 만약 자조부가 없었다면 수많은 여학생은 교육을 받았을 수 없었기에 자조부는 매우 중요한 역할을 하였다는 것이다. 1921년 평양선교지부 보고서는 다음과 같다.

> Lula Wells Institute는 다양한 이유로 오랫동안 입학하지 못한 일부 여성에게 교육의 기회를 제공하도록 돕는 기관입니다. 또한 학교는 이 산업부를 통해서 집이 없거나 적당한 보호처가 없는 여성들이 생활비를 벌고, 성경을 배우고 다른 과목들의 가르침을 받을 수 있도록 도움을 줍니다. 도리스(Doriss)양은 Lula Wells Institute에서 한 해 동안 상당히 많은 시간을 보냈는데, 자신에게 커다란 기쁨을 가져다주는 원천이 되었다고 말했습니다. 산업부는 25명의 젊은 여성을 고용하였습니다. 올 해는 처음으로 기관에서 실제 테스트를 받아 인증을 획득하게 되었는데, 1분기는 총 30명이었고, 2분기는 42명이었으며, 3분기는 59명이었습니다. 4분기로 나누어 진행한 작업이 정말로 적절했습니다."라고 말했습니다.[39)]

39) 평양선교지부 연례보고서 1921년 보고서.

3. 데이비스(Samuel. S. Davis) 가문의 재정적 기여

기계창 사역의 한 가운데 자신의 옥합을 깨뜨린 사무엘 데이비스가 있다. 만일 데이비스가 없었다면 기계창 존재 자체가 없었을지도 모른다. 그는 그 정도로 숭실 기계창의 역사에서 존귀한 존재라고 평가할 수 있다.

베어드는 1899년 첫 안식년을 맞아 미국에 가서 미국 전역을 순회하면서 선교보고를 하였다. 이 순회 여행 기간에 일리노이주 락 아일랜드(Rock Island)에 있는 브로드웨이(Broadway) 장로교회를 방문할 기회를 가졌는데, 이 교회는 당시 베어드와 평양에서 함께 선교활동을 하고 있었던 그래함 리(Graham Lee : 李吉咸) 선교사의 출신교회였다. 당시 데이비스는 맹로법과 함께 이 교회의 협동장로였다. 베어드는 이 교회에서 설교하면서 그 동안의 교회의 협조에 깊은 감사의 뜻을 전하고 이어 숭실학당의 현황을 설명하면서 가난하지만 앞길이 유망한 학생들의 자립을 위한 기관을 설립할 수 있도록 도와줄 것을 호소하였다. 이때 그래함 리의 친구이며 미국의 유수한 목재상인이었던 데이비스(Samuel S. Davis)가 베어드의 취지에 감동하여 숭실학당에 기부할 것을 약속하게 된다. 결과적으로 그가 기부한 5,000불은 숭실학교의 자조사업의 핵심인 기계창의 종자돈이 되는 것이다.[40] 데이비스는 당시 태평양 연안 서북부의 바이어하우서(Weyerhauser) 벌목 가문과 사돈관계에 있었던 부유한 제재업자였다.

1902년 데이비스가 기부한 기금이 도착하자, 내한선교부는 이 기금

40) 『숭실 100년사』, 113.

으로 자조부 시설을 설치할 것을 승인하였다.[41] 베어드는 그래함 리의 도움을 받아 학교 구내에 공장을 건립했다. 한국식 건축양식을 사용하여 'T'자 모양으로 지어진 이 공장 건물은 총건평이 3,780평방피트(약108평)였다. 내부 시설로는 업무를 총괄하는 사무실이 있었고, 공작실에는 목공실, 인쇄실, 주물실과 철공부실 등을 갖추었다.[42] 미국에서 구입한 목공도구와 공작도구, 연관(鉛管) 도구와 단조용 도구들을 들여와 설치함으로서 현대식 시설을 갖춘 규모 있는 기계창(The Anna Davis Industrial Shop)을 갖출 수 있었다.[43]

데이비스의 기여는 이 한 번의 기여로 끝난 것이 아니다. 그는 앞서 밝힌 바와 같이 1907년 맹로법의 파송을 추진하고 맹로법의 한국사역기간의 임금을 담당하기로 약조하였다. 그뿐만 아니라 그는 해마다 1,000달러 이상을 기부하였고, 1922년에는 맹로법의 거주할 집을 지을 돈도 마련하여 보내주었다. 1923년경에는 데이비스의 형도 숭실 기계창의 후원에 동참하였다고 한다.[44]

1931년에 맹로법이 보고한 기계창의 회계보고에 의하면 그해 데이비스가의 후원금은 2,000달러였다.[45]

---

41) H. A. Rhodes, 최재건 역, 『미국 북장로교 한국선교회사』, (서울: 연세대학교 출판부, 2009), 이 책에서는 데이비스로부터 5천 달러를 받은 해는 1906년으로 기록하고, 이때 아나 데이비스 물품제작소가 생겨났다고 기록하고 있다. 1906년 그래함 리 목사를 통해 150달러의 기부금을 받았고, 이 돈으로 그 해의 사업부를 계속 유지할 수 있었다고 기록하였다.

42) 『숭실 100년사』, 113.43) 숭실대학교 한국기독교박물관, 『숭실 중흥의 대인 김형남 총장』, 161.

44) 1924년 8월 22일 방위량(W. N. Blair)의 보고서.

45) 맹로법이 작성 보고한 1930-1931 Anna Davis Industrial Shop의 연말 회계출납부.

수입	이월금	2,280.29
	받은 대금	42,218.53
	데이비스의 후원	2,000.00
	농업 임대수익	1,046.22
	이자	200.70
	소계	47,745.74

이처럼 데이비스가는 베어드와 맹로법과 함께 숭실 기계창의 역사에 가장 중요한 인물로서 그 역할을 했다. 데이비스 가문의 헌신은 여기에서 멈추지 않았다. 데이비스가의 재정적 지원은 대를 이어 그의 아들인 에드윈 데이비스(Edwin W. Davis)까지 긴밀하게 이어졌기 때문이다. 그러나 안타깝게도 1938년 숭실학교가 폐교되면서 더 이상 관계가 이어지지 못했고, 1954년 서울에서 재건되었지만 데이비스의 자손들과는 연락이 두절되었다.

숭실학교 기계창 출신으로 숭전대학교의 초대총장을 역임한 김형남은 1966년 잊혀지고 끊어졌던 관계의 끈을 찾아 일리노이주 락 아일랜드 브로드웨이 장로교회를 방문했다. 이 방문은 대를 이어 숭실에 충성했던 이들과의 연결고리를 통해서 가능했다. 김형남은 윌리엄 베어드의 아들인 리처드 베어드(R. H. Baird, 裵義就)와 솔토(Soltau)를 통하여 먼저 데이비스의 손자인 토마스(Thomas B. Davis)를 만났기 때문에 가능한 일이었다.

김형남은 1967년에는 옥호열(Harold Voeckel: 玉鎬烈)목사를 통해 커클랜드, 워싱턴에 사는 데이비스의 또 다른 손자인 프레드릭을 만나게 된다. 김형남은 그를 만난 자리에서 감사와 지원을 요청하는 말을 전했다.

> 나는 귀하에게 감사의 말을 드리러 왔습니다. 나는 가난한 농촌학생으로 공부할 기회가 거의 없었으나 귀하의 조부께서 평양에 기계창을

세워주어서 나와 많은 학생들이 배움의 기회를 가졌습니다. 나는 지금 방직공장을 경영하고 있으며, 특히 금년에는 모교의 학장으로 추대되어 일하고 있습니다. 이것이 다 하나님과 귀하 조부의 넓으신 은혜인 줄 알고 감사를 드립니다. 개척자 선교사들이 평양에 세웠던 숭실대학은 지금은 서울에 재건되어 있습니다. 귀하의 조부께서 이처럼 적극적으로 숭실대학을 후원해 주셨던 것처럼 귀하께서도 앞으로 대학을 지원해 주시면 감사하겠습니다.

이러한 김형남의 요청에 프레드릭 데이비스는 당장은 자신의 모교인 예일대학에 대한 의무가 있어 힘들고 다음 해부터 지원을 해줄 것을 약속하였다.[46] 이후 1969년부터 데이비스 가족이 운영하는 "Edwin W. & Catherine M. Davis Foundation"에서 매년 5,000불씩 기부를 하였다. 숭실기계창의 정신이 고스란히 계승된 참으로 신비하고 놀라운 관계의 힘을 엿볼 수 있는 대목이다.

46) 숭실대학교 한국기독교 박물관, 『숭실중흥의 대인 김형남』, (서울: 숭실대학교, 2011), 163-164.

제3장

기계창-자립과 실용의 요람

1. 자조사업부(自助事業部)

기계창에 관하여 제대로 이해하기 위해서는 학교 설립 초창기부터 건학정신에 충실하기 위해서 운영되었던 자조부 활동을 이해할 필요가 있다. 숭실 자조부 활동은 그런 의미에서 기계창의 모태가 된다고 하겠다.

숭실학교에 자조사업부와 같은 제도가 생기게 된 데는 교육선교사 베어드의 통찰이 있어 가능했다. 베어드는 1891년 한국에 들어온 이래로 수차례 발로 뛰는 선교를 감행했다. 소위 '전도여행'을 통해서 그는 초기 부임지였던 삼남지역은 물론 이후에는 평양을 위시하여 남만주 국경까지 북한 땅을 두루 편력하였다. 그는 이 여행을 통해서 선교지를 체감(體感)했다. 한국인의 비참한 생활 상태, 극도로 높은 문맹률, 산업구조의 붕괴(농업 이외에는 無산업) 등을 여과 없이 보고 느낄 수 있었던 것이다. 그리고 이러한 선교지 이해는 선교사 베어드의 선교지향점, 특히 교육선교의 방향과 구체적 지향점을 제시해 주었다고 볼 수 있다.

기계창이 숭실역사에 등장할 때까지 바로 이와 같은 숨겨진 전제(前

提)가 있었던 것이다. 기계창이 본격적으로 설치되기 전에, 숭실학교에서는 학자자급제도(學資自給制度)의 일환으로 자립부(自立部)와 근로부(勤勞部)가 설치되어 활발하게 운영되었다는 사실을 기억할 필요가 있다. 후에 인쇄기가 도입되면서 인쇄부가 설치되어 자조부는 더욱 활성화되었다. 이러한 일련의 조직들은 학생들이 학교에서 학문에 힘쓰되 근로를 하면서 노동의 가치를 깨우치게 하고, 스스로 자립할 수 있는 길을 열어주어야 한다는 창학자 베어드의 의지가 발현된 것들이었다. 결과적으로 이는 실용중심의 학문과 교육을 통해서 교육하고자 하는 실을 숭상하는 건학이념을 구현하는 도구로서 기능했다.

뜻을 세우고 비전을 공유했다고 해서 문제가 저절로 해결되는 것은 아니었다. 기독교 학교설립을 통해서 교육선교를 이루고자 힘썼던 베어드에게 닥친 현실적인 문제는 경제적 문제였다. 그는 이미 서울에서 운영되고 있던 자선기관적 성격의 학교운영이 맞은 비관적 결론을 알고 있었다. 따라서 그는 학교와 학생 양자를 두루 만족시키는 학교 운영, 교육과 실천이 통합되는 학교 운영을 고심할 수밖에 없었다. 그래서 학생에게는 근로정신과 자립정신을 함양시키고, 부설 작업부는 독립채산제로 운영하려고 노력했다. 그러나 그의 뜻과는 달리 결코 현실은 녹록치 않았다. 즉 일은 많지 않았고 채산성이 낮은 일은 결손이 나기 마련이었던 것이다. 결국 베어드는 이 문제를 해결하기 위해서 미국교회와 한국교회, 그리고 친지들의 기부금을 끌어 모아 간신히 학교를 유지할 수밖에 없었다.[47]

---

47) 단적인 한 예로 베어드가 보고한 숭실학교의 재정상황을 보면, 전체 수입 총액은 509.32원이었다. 주된 수입원을 보면, 사업수입금은 245.54원이었다. 그리고 학생들로부터 받는 수입은 34.34원에 불과했다. 따라서 이들 수입을 학교전체 수입과 비교해 보면 학교운영이 힘들만큼 겨우 절반을 넘는 턱 없이 부족한 양이었다. 따라서 부족분에 대해서는 한국교회(88.76원)와 미국 친지들의 기

숭실학교는 초창기부터 학생들이 스스로 자립할 수 방안을 세우도록 독려하였고, 학생들이 자립할 수 있도록 다양한 기회와 여건을 제공하였다. 이는 경제적으로 가난하지만 우수한 학생을 키우기 위한 제도적 조치였다. 베어드가 학자자급제도에 대해서 체감적 정책을 시도한 것은 그의 경험에서 기인했다. 자신이 경험했던 자립교육이 한국의 현실에서 절실하게 요청되었던 것이다. 숭실학교가 평양에 설립될 당시만 해도 교육과 관련해서 한국인들은 배움에 대한 강렬한 열망은 있었지만, 극도의 경제적 궁핍 속에 처해 있어서 스스로 자립할 여건이 충분하지 않았기 때문이다. 그리하여 경제적으로 가난하여 배우기를 주저하거나, 시도할 희망조차 품지 못하는 이들이 많았다. 이와 같은 상황을 인지한 베어드와 선교사들은 이들이 궁극적으로 극복할 수 있는 하나의 학교 내 제도적 장치로써 자조사업부를 학교 내에 설치하였다. 이를 통해서 우수한 인재가 경제적 문제로 인해서 배움의 길을 포기하지 않도록 학자자급제도를 확립하게 한 것이다.

학교를 운영하면서 베어드가 중시했던 원칙 가운데 하나는 소요되는 학비를 학생들이 스스로 내도록 해야 한다는 것이었다. 그러나 당시 한국의 상황에서 학비를 모두 내고 다닐 수 있는 사람은 많지 않았다. 따라서 베어드는 숭실학교에 다니는 학생들로 하여금 학교에서 일을 하면서 부분적으로 학비를 벌 수 있게 함으로 자립정신을 함양하도록 힘썼다. 결과적으로 베어드가 숭실학교를 통해서 실시한 학자자급제도는 유무형의 가치를 통합한 제도라고 할 수 있겠다. 즉 학생들에게는 자신들의 배움의 길은 대가가 수반되는 과정임을 인식하게 하고, 그

부(141.32원)를 통하지 않으면 안 되는 상황이었다. 여기서 특기할 사항은 초창기 한국교회는 미약한 형편에 있었음에도 불구하고 75개 교회를 통하여 88원 76전이라는 기부를 했다는 점이다. 이는 교단과 학교의 관계가 소원해질 수 밖에 없는 이유이기도 하다고 보여 진다. 숭실대학교 한국기독교 박물관, 『숭실중흥의 대인 김형남』, (서울: 숭실대학교, 2011), 161.

일이 현실적으로는 어려운 일이기에 자조부나 근로부를 통해서 그 가치가 실현될 수 있도록 현실적으로 도왔던 것이다.

1897년 베어드가 처음 학당을 시작하였을 때, 한국인 교사인 박자중, 베스트 양, 그래함 리 목사 부부가 근로부를 위해서 함께 협력하였다. 이때 약 18명의 학생들이 출석하였는데, 이들 중 일부는 낮 시간의 절반을 정원일이나 건물을 보살피는 근로 보조원으로 일하였다. 그해 가을 선교부는 학교를 설립하기로 하고 선교부에 '건물과 선생과 몇 가지 물품들을 마련하는 데 쓸 충분한 기금'을 요청하였다. 이 일을 위해 학교가 필히 자체적으로 일부를 충당하여야 하며, 그에 따라 학생들이 근로를 통해 그들이 받는 교육의 수업료나 보수를 내게 한다는 계획이 수립되었다.[48]

자조부의 첫 단계로 근로부를 설치한 숭실학당은 처음부터 무료로 공부할 수 있는 자선 장학생을 두지 않았다. 모든 학생들에게 수업료와 일상의 경비를 스스로 부담하도록 하였다. 자조부에서는 모든 재학생들에게 노동을 요구하지 않고 희망자에게만 일을 시켰다. 따라서 절반 정도의 학생들은 수업료를 내고 공부했으며, 나머지 절반 정도의 학생들이 자조부에 등록하여 하루에 약 반나절을 노동하고 그 수입으로 공부하였다. 이들에게는 인쇄일, 운동장 정리, 청부맡은 일, 지도 그리기, 복사, 짚신 만들기, 관리인 돕기 등의 일이 주어졌다.

1904년부터는 자조부에 속한 학생들의 근로 의욕을 고취시키기 위해 일 년 동안의 근로 성적을 산출하여 모두 5명을 선발하여 일반 장학생들과 마찬가지로 장학금과 함께 표창장을 수여하기도 하였다. 자조부에서 받은 표창장은 일반 학생들의 성적우수상과 비교해서 전혀 손색

---

48) H. A. Rhodes, 최재건 역,『미국 북장로교 한국선교회사』, (서울: 연세대학교출판부, 2009), p165.

이 없었으며, 오히려 그 이상의 가치와 의미를 지니고 있었다.[49)]

근로부는 직업교육을 위해서 계획된 것이 아니라, 학교에서 학생들이 자신을 스스로 돕게 하기 위해서 계획되었는데, 1902-1903년 보고서에 따르면 33명의 학생들이 고용되어 있었다.[50)] 선교보고서에 따르면, 학생들은 숙련된 상태로 일을 하지 못함으로 효율적으로 일하지는 못하지만, 학생들이 노동을 통해 자급할 수 있었음을 밝히고 있다. 이로 인해 선교부는 학생들의 노동력을 이용함으로 불필요한 지출 경비를 절약함으로써 상생하고 있었음을 확인할 수 있었다. 이처럼 근로부는 학교의 정규 커리큘럼의 일부는 아니었지만 많을 때는 전체 학생의 절반 정도가 그곳에서 일을 했고, 인쇄소, 대장간, 목공소 등의 시설이 갖추어지고 전담 교사도 부임하면서 점차 학교의 부수적 역할을 감당하는 교육과정화 되었다.

자조부는 점점 발전하면서 학교의 중요한 부서로 자리 잡게 되었다. 자조부는 산업부(Industrial Department)로 불리다가 근로부(Manual Department)로 칭했다. 그리고 이후 자조사업부(Self-Supporting Department) 등의 여러 가지 이름으로 불리다가 1906년경부터 안나 데이비스 산업부(Anna Davis Industrial Department : 기계창)로 발전하게 되었다.[51)]

자조부는 학자자급제도의 중요한 일환으로 만들어진 숭실학교의 제도이다. 대부분 구호기금으로 운영되는 서울의 한 미션학교가 운영이 쉽지 않은 것을 보고 베어드는 자신이 세운 숭실학교가 그런 식으로 운영되어서는 안 됨을 깨달았다. 그래서 그는 학생들 스스로 노동

---

49) 『숭실 100년사』, 111.
50) 리처드 베어드, 숭실대학교 뿌리찾기위원회 역주, 『윌리엄 베어드』, (서울 : 한국기독교문화연구원, 숭실대학교 출판부2016), 264.
51) *Annual Report*, 1906, 259, 268. 류대영 174 재인용.

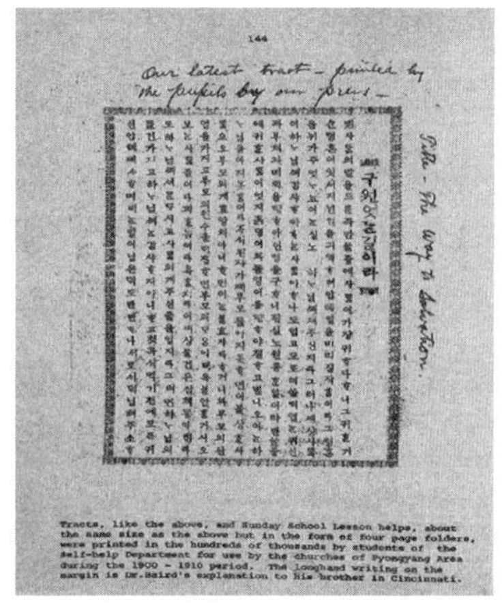

Tracts, like the above, and Sunday School Lesson helps, about the same size as the above but in the form of four page folders, were printed in the hundreds of thousands by students of the Self-help Department for use by the churches of Pyongyang Area during the 1900 - 1910 period. The longhand writing on the margin is Dr.Baird's explanation to his brother in Cincinnati.

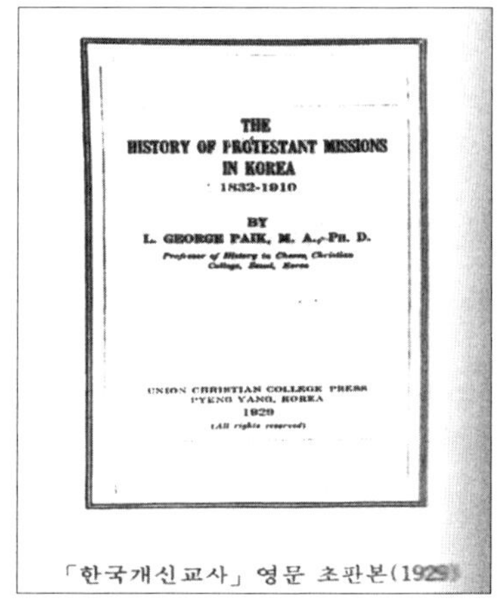

THE
HISTORY OF PROTESTANT MISSIONS
IN KOREA
1832-1910

BY
L. GEORGE PAIK, M. A., PH. D.
Professor of History in Chosen Christian College, Seoul, Korea

UNION CHRISTIAN COLLEGE PRESS
PYENG YANG, KOREA
1929
(All rights reserved)

「한국개신교사」 영문 초판본(1929)

숭실기계창에서 인쇄한 인쇄물

을 하게 하고 그 대가로 학자금을 충당하도록 하는 자조부(Self-Help Department: 自助部)를 설치해 운영했다.[52]

그는 1898년 동료 선교사로부터 장래가 촉망되는 학생들을 도울 목적으로 50불을 기부받았다. 베어드는 이 돈을 학생들에게 직접 장학금으로 지급하지 않고, 그 대신 밭을 구입하는데 사용했다. 이렇게 구입한 밭이 학생자조사업부의 기반이 되었고, 궁극적으로는 숭실 기계창의 기반이 되었다.[53] 이후 학생자조사업부는 단지 숭실학교의 교육과정을 보조하는 차원을 넘어서서 대학정신을 함양하는 운영과정과 추후 대학의 교과과정 편성에도 중요한 역할을 하는 기관으로 발전하게 된다.[54]

52) Richard H. Baird,『베어드 프로파일』숭실대학교 뿌리찾기위원회 역주,『윌리엄 베어드』, (서울 : 한국기독교문화연구원, 숭실대학교 출판부 2016),Richard H. Baird,『윌리엄 베어드』, 261.

53) H. H. Underwood, Modern Education in Korea, 112,『숭실 100년사』, 111. 재인용.

54) 역사에 만일이라는 가정은 없다지만, 만일 베어드가 50불을 가지고 생활이 궁

베어드는 자신의 경험을 통해서 자립정신이 얼마나 중요한지 이미 알고 있었기에 숭실학교 초창기부터 이러한 자립의 원칙이 실행될 수 있는 방식을 교육현장에 창의적으로 도입했다. 베어드 역시 하노버대학에서 공부할 때, 경제적으로 어려운 형편이었지만 스스로 학비를 조달했던 경험을 갖고 있었던 것이다. 그래서 그는 학생들에게 노동의 귀중함을 일깨워 주고 또한 노동을 통하여 자기 스스로 학비를 조달하게끔 해야겠다고 생각했던 것이다.[55]

그가 자조부를 중심으로 학교운영을 생각했던 데는 이 같은 학자자급제도를 시행하고 있던 미국의 기존 대학이 좋은 모델을 제시한 것도 작용했다. 베어드가 염두에 두었던 대학은 미주리 주에 있었던 장로교 대학인 파크대학(Park College)과 포이네트학교(Poynette Academy)이었는데, 이들 대학에서는 모든 학생들로 하여금 일주일에 몇 시간씩 근로에 참여하는 교육과정을 가지고 있었다.[56] 이들 학교에서는 학교가 설치 운영하는 학생 자조기관에서 일주일 동안 일정한 시간을 학생 전원이 작업하도록 하고 그 수입으로 학생들이 자력으로 학자금을 마련할 뿐 아니라 그 곳에서 직업의 선택에 유용하게 이용하도록 하고 있었던 것이다.

또한 이 같은 제도를 활성화시키려고 한 데는 서울에서 밀러와 함께 참여했던 언더우드 학당(경신학교) 운영의 경험이 크게 작용했다. 서울의 기독교계 학교들이 자선기금으로 운영되어 성과를 거두지 못하고, 무

핍한 학생들에게 일시적인 생활비나 장학금 용도로 사용했더라면 그것은 일회성으로 소비되는 것으로 끝났을 것이다. 베어드는 그렇게 하지 않고 대신 50불을 가장 효용성을 극대화할 수 있는 방법으로 사용했다. 그래서 밭을 구입했고, 학생들로 하여금 이 밭에서 일하도록 함으로서 스스로 근로하면서 자립할 수 있는 계기를 제공했다. 그리고 그렇게 시작된 학생자조부의 사역은 추후 공대, 농대의 기초가 되는 것이다.

55) 『숭실 100년사』, 110.

56) Richard H. Baird, 『윌리엄 베어드』, 263.

시되는 경향이 있음을 익히 알고 있었다. 서울에 있는 선교사들이 운영하는 학교들이 가난한 학생들에게 수업료를 면제해 주었기 때문에 기독교계 학교들은 마치 자선기관처럼 인식되었고, 이는 공부하는 학생들에게 학업에 대한 열정과 열심을 심어주기보다는 오히려 학생들로 하여금 남에게 의존하는 의타심만 키워주는 결과를 빚게 되었던 것이다.[57]

자조부 활동을 통한 자조사업이 숭실학교에서 실행되게 된 또 하나의 중요한 요인 가운데 하나는 한국교회 구성원들과 한국사회가 갖고 있던 전근대적 구조 때문이기도 했다. 당시 숭실학교의 주된 구성원이었던 한국교회 교인들의 85%가 농촌에 거하는 평민이었고, 그들이 종사하는 일은 농업 외에 다른 산업은 전무했다. 따라서 자조부 활동을 통한 학생들의 자조 활동은 학생들에게는 자립이라는 가치를 가져다 주었고, 졸업 이후에는 그들이 지속적으로 영위할 생활 방편을 제공해 주었다. 이는 나아가 한국사회의 산업구조를 농업 중심의 단일사회에서 다양한 산업군에로 변화시키는 역할도 제공했다고 볼 수 있다.

숭실학교에서의 자조부 활동의 실제를 보면, 그는 학생들에게 경제적인 여건과 상관없이 모든 학생들에게 동일한 등록금과 일정한 기숙사비를 내도록 했다. 따라서 가난하다는 이유로 무상으로 공부하는 학생은 없었다. 가난한 학생들은 자신들의 등록금 전액과 기숙사비를 노동을 통해 되갚도록 하였다. 이를 통해서 베어드는 학생들에게 스스로 일할 수 있는 여건을 마련하여 근로정신과 자립정신을 심어주고자 하였던 것이다.[58] 그는 학생들이 일과 공부를 병행해 나갈 수 있도록 하기 위해, 오전에는 정규 과목을 가르치고, 오후에는 한문만 가르치는

57) 『숭실 100년사』, 110.
58) 『숭실 100년사』, 110.

식으로 커리큘럼을 짰다. 일을 할 필요가 없는 학생은 오전과 오후 모두 수업을 하고, 노동을 통해 학비를 충당해야 하는 학생은 오전에는 공부하고, 오후에는 일할 수 있게 하도록 하는 식이었다.

숭실대학 초기의 계획과 보고서에서 베어드는 자조부의 모델을 미주리에 있는 파크대학으로 할 것임을 자주 인용했지만 실제로 최종적으로 체계가 세워졌을 때 숭실대학의 자조부는 파크대학과 달랐다. 미국과 한국이 상황이 달랐기 때문이다. 파크대학은 모든 학생들로 하여금 일주일에 몇 시간을 근로에 참여하게 하였다. 자조사업을 진행하면서 숭실학당은 처음부터 자선장학생을 두지 않았다. 모든 학생들에게 수업료와 일상의 경비를 본인이 스스로 부담하도록 하였다. 특이한 사실은 모든 학생들에게 노동을 요구하지 않았다는 점이다. 노동하기를 희망하는 희망자에 한해서 일을 하도록 하였다. 그래서 절반 정도의 학생들은 수업료를 내고 공부했으며, 나머지 절반은 자조사업부에 등록하여 하루 약 반나절을 노동하고 그 수입으로 공부할 수 있었다. 자조부는 그들의 학비와 기숙사비를 학교에 납부했고, 가능한 한 학생들은 근로로 그 비용을 갚았다. 따라서 학교는 항상 흑자였고, 모든 손실은 자조부로 돌아 왔다.[59] 모든 학생들로 하여금 노동을 하도록 분위기를 유도하거나 강요하지 않았다는 점은 주목할 만하다. 당시 노동을 천하게 여기는 사회적 분위기를 배려해서 일수도 있겠지만 학생 스스로 노동여부를 선택할 수 있는 권리를 부여했기 때문이다. 학생들은 자신의 경제적 여건이나 형편에 따라 스스로 선택할 수 있는 자율성이 주어졌기 때문이다.

---

59) Richard H. Baird,『베어드 프로파일』리처드 베어드, 숭실대학교 뿌리찾기위원회 역주,『윌리엄 베어드』, (서울: 한국기독교문화연구원, 숭실대학교 출판부 2016), Richard H. Baird,『윌리엄 베어드』, 263.

2. 기계창의 명칭과 그 변천

기계창은 여러 가지 명칭으로 소개되고 있다. 영문으로는 "Anna Davis Memorial Shops"[60], "Anna Davis Industrial Shops", 으로 소개되고 있다. 한편 에서는 "Anna Davis Industrial Department"[61]이 그것이다. 가장 많이 그리고 일반화된 것은 사용된 것은 "The Anna Davis Industrial Shop"이다. 이를 한국인들은 "기계창(機械廠)"이라고 불렀다. 영문으로 이러한 표기가 이루어진 것은 전적으로 데이비스 가문의 공적에서 유래한다.[62]

기계창의 영문표기에서 "안나 데이비스(Anna Davis)"가 등장한다. 그런데 왜 기계창의 이름을 '사무엘 데이비스'라고 하지 않고, '안나 데이비스'라고 이름지었는지는 의문이다. 하나의 추측은 데이비스가 자신보다는 아내를 특별히 기념하기 위해 그렇게 부르도록 부탁하였을 개연성이다. 데이비스는 아내를 특별히 사랑하였기에 자신 보다 아내의 헌신과 수고를 기억해 주기를 바라는 마음에서 자신의 이름이 아니라 아내의 이름을 넣기를 희망해서 그렇게 불렀을 것이라고 생각할 수 있다. 특별히 사랑하는 사람의 이름으로 건물을 지어 기증하거나 기금을 조성하여 기억하는 서양의 전통을 생각한다면 이는 충분히 개연성이 있다. 또 하나의 추측은 사업가인 데이비스로 하여금 기계창을 위해 기부하도록 독려하고 지속적으로 관심을 쏟은 사람은 바로 데이비스의 아내인 안나 데이비스였을 수도 있다는 사실이다. 하지만 데이비스가

60) 『기독교대백과사전』, 기독교문사, 1985. 1077.
61) 기계창의 총책임을 맡은 맹로법이 선교부 총무에게 보낸 1913년~1914년에 행한 사역에 대한 개인적인 보고서.
62) 『숭실 100년사』, 251.

기계창의 목공실 사진[63]

숭실에서 선교사로 있었던 그래함 리(이길함) 선교사의 친구인 점을 감안한다면 첫 번째 경우가 더 개연성이 있을 것으로 생각된다. 아무튼 숭실학교에서 기계창을 설립하고 운영함에 있어서 데이비스 가문의 지원과 지지는 절대적인 것이었다. 기계창의 건립과 이후 작업에 필요한 여러 기자재와 장비의 구입, 그리고 실제적인 운영과 연관해서 데이비스의 지속적인 관심과 후원은 이루 말할 수 없을 정도로 컸다는 점이다.

숭실학교에서 기계창이 운영되고 목적하는 바가 이루어질 수 있었던 데는 시대적, 상황적, 인적, 물적 요소들이 맞아 떨어지는 데 기인한다. 즉 숭실이 시작된 구한말의 정치적, 사회적, 영적 지형, 베어드의 통찰과 비전, 데이비스의 변함없는 물적, 인적 지원, 맹로법의 헌신적 참여가 통합되어 한국의 고등교육의 이정표가 될 수 있었던 숭실의 기계창

63) 기계창이 학교 내에 설치되어 있는 기관답게 작업을 하는 학생들의 의복이 교복이다. 가운데 목공을 위한 작업대가 설치되어 있고, 공작기계들도 보인다. 이 곳 목공실에서는 학교에서 사용할 책상이나 책장, 의자 등을 만드는 작업을 진행하였다.

을 이룰 수 있었던 것이다.

경창리 사랑방에서부터

기계창의 시초는 학생들 스스로 자립할 수 있도록 학교가 제도적으로 운영했던 자조사업이다. 숭실대학의 역사에서 자조사업의 시초는 놀랍게도 1897년 숭실학당을 시작할 때로 거슬러 올라간다. 베어드가 평양 경창리(景昌里) 자신의 사랑방에서 10여명의 학생들을 중심으로 숭실학당을 열고 학생들에게 한문을 비롯하여 산술, 약사, 지리 등을 가르치기 시작했다. 이때 특이한 것은 학생들 중 많은 이들이 베어드의 일을 도우면서 공부했다는 점이다. 그들은 청소를 돕거나 선교사의 일을 돕는 서기, 기타 잡일을 도우며 학비를 스스로 벌었다. 이는 한국의 교육사에 기억될 근로 장학생제도의 시초이다. 이처럼 기계창의 전신은 숭실학교 역사의 시작과 함께 한다. 자조사업의 첫 단계로 근로부를 설치했던 숭실학당은 처음부터 자선장학생제도를 시행하지 않았다. 모든 학생들이 스스로 자신들의 수업료와 일상의 경비를 자비부담 하도록 했던 것이다. 이들이 처음으로 제공받았던 작업은 정원 가꾸기, 건축노동, 제본 등이었다.

근로부 개설

베어드의 1900년도 보고서를 보면 근로부(manual department) 개설 승인이 이 시기에 이루어졌음을 확인할 수 있다.[64] 경창리 숭실학당부터 근로장학제도를 실시하기 시작했던 베어드는 이미 1900년이 되기 전에

64) 윌리엄 베어드, 김용진 역,『윌리엄 베어드의 선교리포트』I ,(서울: 숭실대학교 한국기독교박물관, 2016), 121.

근로부라는 학생자조기관을 제도화 시켰던 것이다. 이 시기 근로부 학생들은 하루 중 반나절을 일하며 일한 대가로 음식을 제공받았다. 그러나 자신의 의복과 책은 스스로 구입해야만 했다. 당시 전체 재학생 중 절반이 이 근로반을 병행했다.

이때 한 해 동안 근로부 학생들에게 지급된 식비 총액은 318엔 31전이었다. 이 비용은 학생 수업료 27엔 9전, 한국인교회 후원금 61.12엔, 남학생 근로수입 156엔 77전, 학생지원을 위해 학생들 스스로 낸 금액 8.50엔, 학교 상점 매출액 5.09엔 이었다. 따라서 한국인에 의한 총지원금 258.57엔이었고, 부족분은 59엔 74엔이 부족했다. 여기에 여러 가지 경비부족분을 합쳐서 총결손금은 254엔 53전이었다. 베어드는 이 부족분을 미국에 있는 친구들의 기부로 충당하고 있었다.[65] 베어드는 당시 한국인들의 교육에 대한 열망과 이들에게 도움을 주는데 기꺼이 협력하는 미국의 친구들의 행위를 매우 고무적으로 평가하고 있다.

족답식 인쇄기의 도입

근로자조사업과 기계창을 연결시켜 근로자립 활동을 보다 왕성하게 촉발시켰던 획기적인 사건은 1900년에 숭실학당에 설치되었던 족답식(足踏式) 인쇄기다. 16세기의 종교개혁의 성공에 가장 큰 기여를 했던 것이 인쇄술의 발전이었던 것처럼 숭실학당에 도입된 인쇄기는 학생들에게 일감을 제공한데서 끝나지 않고 교회의 발전과 직접 연결되어 큰 공헌[66]을 하였다. 즉 이 인쇄기는 학생들의 자조활동을 돕는 한편 각종 전도 문서를 인쇄하는 데 활용했다. 이를 통해서 1901년에는

65) 윌리엄 베어드, 김용진 역,『윌리엄 베어드의 선교리포트』I , (서울: 숭실대학교 한국기독교박물관, 2016), 132. 1900-1901년 평양선교지부 연례보고서.
66)『숭실대학교 100년사』1, (서울 : 숭실대학교, 1997), 112.

443,884쪽, 1902년에는 461,609쪽을, 1903년에는 518,417쪽의 인쇄물을 인쇄하였는데, 여기에는 주일학교 교재, 전도문서들과 순서지 제작, 교회 통신문 등 다양한 형태의 인쇄물이 포함되어있다.[67]

1901-1902년 베어드의 교육보고서에서도 자조사업부에 대한 보고가 눈에 띤다. 근로행위를 통한 자조활동이 여전히 지속되고 있다는 것과 학교 운영에 이러한 활동들이 효율적인 가치를 갖고 있다는 사실을 확인할 수 있다.[68]

> 학생들에게 매일 반나절의 일을 주는 계획은 계속되었습니다. 57명 중 26명이 이것을 이용했습니다. 이 노동의 대가로 그들은 음식과 수업료를 받았습니다. 남학생의 총 노동은 합해서 4,300회의 반나절 분량으로, 만일 시장에서 그들이 했던 노동을 구입했더라면 401엔의 비용이 들었을 것입니다. 학생들의 노동으로 194엔의 이익을 냈고, 종을 치고 불을 지피는 것 등과 같이 학교에 제공한 노동은 무보수였습니다. … 자조사업부에서 일하지 않는 학생은 매달 수업료로 150전을 납부합니다. 금년의 수업료는 37엔이었습니다.

학교는 이 때 학생들의 노동으로 생긴 수입과 기부금, 수업료 등을 전액 학생들을 후원하는 일에 사용했다. 또한 같은 해의 미국 장로교회의

---

67) 『숭실대학교 90년사』, (서울 : 숭실대학교, 1987), 92-93. 1906년 베어드가 보고한 내용을 언더우드가 자신의 책 『한국의 근대교육』에 실어 놓은 자조사업부 관련 내용을 보면 근로자조부의 작업의 종류와 내용이 다변화되어 있음을 확인하게 된다. "그 초창기에 근로자조부 학생들은 인쇄, 학교농장의 경작, 새끼꼬기와 미투리 삼기, 정원 가꾸기와 도로의 수축, 교실 청소, 선교사들의 서기역, 지도 제작, 제본, 악보와 식물도본 및 천문도 그리기, 초등학교와 야학교 및 맹인학교의 교사 등이었다."

68) 윌리엄 베어드, 김용진 역, 『윌리엄 베어드의 선교리포트』 I ,(서울 : 숭실대학교 한국기독교박물관, 2016), 150-151.

한국선교회 평양지부 선교보고서를 보면, 특별한 날(3월 16일)을 정해 특별기도와 숭실중학에 기부하는 날을 정해서 운영했음을 확인할 수 있다. 그리고 이 때 참여한 미조직 한국교회가 59교회였으며, 이들이 헌금한 금액은 70엔이었고, 한국인에게서 모금된 총액은 301엔이었다. 이는 모두 자조사업부를 유지하는데 사용되었음을 보고하고 있다.[69]

데이비스의 기부금

숭실 기계창의 역사에서 이 사역이 본격적으로 이루어질 수 있도록 마중물 노릇을 한 것은 1902년에 이루어진 데이비스의 5,000불의 기부금이다. 이 기부금은 일시적인 구제차원으로 끝나지 않고, 종자돈화되어 108평 규모의 공장으로 거듭나게 되었다. 학자자급차원을 위해서 시도된 이러한 자조활동은 산학협력의 시초라고도 평가할 수 있을 것이다.

또한 이전에 별도로 설치 운영하던 자조부, 근로부와 인쇄소 등을 흡수 통합하여 운영하게 되었다. 이로써 기계창이 완공되게 되었는데, 이는 숭실학교가 시작된 지 채 5년이 되지 않은 초창기였다. 이는 베어드를 비롯한 초기 숭실학교 관련자들의 선각성(先覺性)에서 기인한다고 봐야 할 것이다. 즉 '실용적' 인재 양성을 목표로 '숭실'을 세운 베어드는 출범 초기의 입학생 대부분이 성적은 우수하나 경제 형편이 어려운 사정을 알고 당시 미국에서 널리 행해지던 산학협력 모델인 '학생자조기관'을 도입, 학생들이 근로활동에 참여하며 등록금과 기숙사 비용을 마련할 뿐 아니라 졸업 후 자립과 직업선택에 유용한 기술 교육도 받을

69) 윌리엄 베어드, 김용진 역, 『윌리엄 베어드의 선교리포트』 I, (서울: 숭실대학교 한국기독교박물관, 2016), 156.

1902년 설립된 숭실 기계창의 모습

수 있게 하였던 것이다. 처음엔 건축노동 등 단순한 일만 하다 점차 일거리가 다양해졌고, 그 현실적 효용성이 증대됨에 따라 사무엘 데이비스가 후원한 학생자조사업 발전기금 5천 달러로 교내에 건축한 'T'자형 공장을 '기계창(機械廠, The Anna Davis Industrial Shop)'이라 부르게 된 것이다.

근로부와 기계창

그러나 1904-1905년 미국 장로교회의 한국선교회 평양선교지부 12번째 연례보고서를 보면 이 시기는 여전히 학생 자조활동으로서 근로부(Manual Labor Department)과 기계창(Anna Davis Industrial Shop)이 따로 보고되고 있음을 확인할 수 있다. 먼저 근로부에 대한 보고는 다음과 같다.

학생 중 절반이 근로부에서 그들이 한 노동의 대가로 기숙사생활을 제

> 공받았습니다. 이들에게 지급되는 장학금은 노동을 하지 않은 학생에게 지급되는 장학금에 비해 그 조건이 더 좋았습니다. 그 어느 해 보다 올해 학생들이 한 노동의 질적인 면에서 뛰어났고 즐거운 마음으로 행해졌습니다. 처음에 학생들은 도로 만들기, 정원 및 들판에서 일하기, 경비직, 새끼 꼬기와 짚신 만들기, 막노동 일과 같은 거친 육체노동에 참여했고 그 후 이런 종류의 수습기간을 거친 후에 그들 중 다수는 지도 작성, 교과서 필사, 음악, 천문학, 식물학 및 동물학 도표작성, 초급반과 초급학교 수업, 맹인학교에서의 수업, 선교사의 문서 사역 및 비서일 돕기와 같은 보다 숙련을 요하는 일을 맡게 되었습니다. 네 명의 학생이 고용되어 521,270쪽 분량의 인쇄물을 선교사역 목적으로 발송하였습니다. 미니애폴리스의 미스 페이지의 기증으로 인쇄활자와 장비가 인쇄실에 추가 되었습니다.[70]

한편 베어드는 기계창에 대해서는 보다 간결하게 보고하고 있다. 이곳에서 대장장이 일과 목수일이 함께 이루어지고 있다는 점, 그래함 리(이길함)가 기계창을 감독하고 있다는 점, 인쇄실이 기계창에 함께 위치해 있다는 점, 그리고 추가기증물품목록으로 과학표본을 보관하기 위한 유리 캐비닛, 벽시계, 목욕탕 기구 등을 언급하고 있다.

기계창은 평양 선교기지의 선교사들과 평양 지역의 교회들을 위해 많은 실제적인 도움을 주었다. 선교사들이 사용할 가구들을 만들고, 선교사들이 세운 수많은 학교들의 기물들을 제작하였다. 그리고 평양 지역의 교회들이 사용할 교회의 좌석과 종들을 만들었으며, 다양한 부류의 한국인들과 선교사들에게 개별적으로 필요한 물품들을 제작하여

70) 윌리엄 베어드, 김용진 역, 『윌리엄 베어드의 선교리포트』Ⅰ, (서울 : 숭실대학교 한국기독교박물관, 2016), 197.

공급하기도 하였다.

획기적인 변화: 맹로법 부임

1907년은 숭실 기계창의 역사에 획기적인 변화가 있던 해이다. 전문 관리를 맡아 일할 맹로법이 부임했기 때문이다. 그의 부임으로 기계창은 모든 면에서 본격적인 궤도에 진입하게 되었다. 맹로법이 기계창을 맡아 독립채산제(獨立採算制)로 운영하기 시작하면서는 목공, 철공, 주물, 유리공 등 기술 교육 종류와 사업 규모가 대폭 늘어나게 됐다. 기업과 학교 간 협업의 기틀이 본격적으로 마련된 것이다. 연간 약 100여 명의 학생이 기계창 작업으로 학비를 마련할 수 있었고 여기서 익힌 기술과 능력으로 이후 우리나라 산업계에 큰 발자취를 남기기도 했다.[71)]

기계창이 완전한 궤도에 오른 것은 1910년부터로 본다. 이때까지 기계창의 주된 근로는 단순한 육체노동을 요하는 일이나 좀 더 발전하여 인쇄기를 통한 근로였다. 인쇄업은 기계창의 여러 부서들 가운데 가장 일찍 이루어졌고 또 학교와 교회와 그리고 학생들 사이에 가장 밀접하고 직접적인 관련을 맺고 있었기 때문에 지속적으로 성장할 수 있었다. 특히 수요적인 면에서 그 동안은 전도문서와 교회의 필요를 위한 인쇄물들이었지만 이제는 대학과 중학의 교재제작이 절실한 문제가 되자 더욱 확충될 수밖에 없게 되었다. 기계창의 인쇄부는 이처럼 교육과 전도 그리고 자조의 기능으로 발전할 수 있었다.

그러나 1910년대 이후부터는 그 외에 목공(木工), 철공(鐵工), 유리공(琉璃工) 작업이 가능해졌고 연관공사(鉛管工事)와 주물(鑄物) 근로 등도 가

71) 대표적으로 한국의 방직업계를 대표하는 일신방직의 설립자이자 숭실의 2~4대 이사장과 9대 총장을 지낸 김형남이 기계창 출신이다.

능해졌다. 이 시기부터 해마다 100여명의 학생들이 기계창의 도움을 받아 학업을 계속할 수 있을 정도가 되었다.[72)]

1912년 베어드가 브라운에게 보낸 편지를 보면 당시 기계창의 현안이 무엇이었는지를 어림잡을 수 있다. 베어드는 역시 초심을 잃지 않고 고민하고 있는 흔적이 보인다. 교회의 지도자를 훈련시키는 일과 동시에 중요한 과제로 새로운 삶과 필요에 적응하는 인재를 양성하는 일로 그는 고민하고 있었다. 그것은 한국인들을 산업 분야의 능숙한 사람으로 발전시켜 생계를 꾸려가고 국부를 증가시키도록 하는 일이었다. 따라서 그리하기 위해서는 인력과 재정의 확보가 절실한 문제였다. 그는 맹로법의 존재를 다음과 같이 평가하였다.

> 맹로법은 모든 방면의 실용적인 목적에 있어, 특히 기계창의 목공부서에 있어 선교지부에서 가장 귀한 인물 중 한명입니다. 하지만 그의 사역은 개인의 한계점을 넘어섰습니다. 우리에게는 기계창의 경영진과 조직책으로서의 위치뿐 아니라 근로부를 이끌 수 있는 잘 훈련된 전문가가 절실히 필요합니다. 우리는 이 기술을 학교의 모든 구성원들에게 소개하고 싶은데 만약 숭실대학과 중학 모든 구성원들을 제대로 돌봐주려면 이 문제 하나만 놓고도 한 사람이 전임으로 매달려야 할 정도의 일이 될 것입니다.[73)]

1914-1915년 베어드가 선교부에 보고한 보고서를 보면 129명(숭실대학생 19명, 숭실중학생 110명)이 기계창에서 일한 것으로 되어 있다. 당시 기계창은 맹로법과 길리스(A. W. Gillis)가 책임지고 있었다. 길리스

---

72) 『숭실대학교 90년사』, (서울 : 숭실대학교, 1987), 141.
73) 윌리엄 베어드, 김용진 역, 『윌리엄 베어드의 선교편지』, (서울: 숭실대학교 한국기독교박문관, 2016), 200-201.

(A.W.Gillis, 吉理書)[74]는 예일대학 출신으로 1912년 북장로회 소속 선교사로 내한하여, 평양 숭실에서 맹로법의 협력 사역자로 기계창과 농업분야에서 실용적 일을 통해서 학생들을 가르치고 기술이 숙달하도록 도왔다. 그는 1919년까지 선교활동을 하였다.

이 한 해 동안 각 학생에게 임금으로 지급한 총액은 2,646엔 77냥이었다. 이 시기 기계창의 주된 업무는 다섯 분야로 목공, 주석도금, 인쇄, 농사, 삯일이었다. 베어드는 직종의 다변화와 전문화, 학교의 감독자가 산업방면의 일을 더 개발시켜야 함을 주문한다. 특히 학생들의 활발한 동기부여를 위해서 주특기 개발, 선택권, 차등임금제, 보상제, 학생들의 지속적 관리와 훈련, 감독의 필요성 등을 주장한다.[75]

루츠의 등장: 기계창의 농업 분야 확장

1913년에서 1919년 사이에는 길리스(A. W. Gillis)가 기계창에서 협력사역자로 일했고, 1921년부터는 루츠(D. N. Lutz)[76]가 새로 숭실대학의 교수로 부임하였다. 그는 농업, 낙농업, 과일재배 등을 개발하였고, 과학

---

74) Ansel W. Gillis는 평양에서 사역하다 1919년 귀국하여 로스엔젤레스에 살다가 이승만의 초청으로 1922년 10월 하와이 한인기독학원 교장이 되었다. 그는 배재학당에서 이승만에게 영어를 가르쳤던 의료선교사 파이팅의 사위이기도 하다.

75) 윌리엄 베어드, 김용진 역,『윌리엄 베어드의 선교리포트』II, (서울: 숭실대학교 한국기독교박물관, 2016), 40-41.

76) 루츠(D. N. Lutz, 柳韶)는 1921년 3월 4일 부인(Lenove Harpster)과 함께 내한했다. 미국북장로교 소속이다. 그는 농업 전문 선교사였다. 그는 숭실전문에 농과(農科)를 신설하여, 농촌지도자를 양성하기 시작하였다. 그는 낙농업과 과일 · 채소 재배 등의 새로운 영농 방법을 소개하였다. 잡지 〈농민생활〉에 많은 기고를 하여 농민들을 계몽하였다. 41년 강제 출국 당했다가 해방 이후 다시 한국 땅을 밟은 루츠 선교사는 충남 회덕 중리에서 '기독교연합봉사회'의 농민학원 운영에 참여하였다. 그는 4H 클럽 활동의 공적을 인정받아 한국 정부로부터 표창을 받기도 하였다.

과 채소 저장을 포함해 '조용한 아침의 오트'를 비롯 여러 상품을 개발하였다. 나도래(Reiner)와 파커(Parker) 박사와 다른 사람들은 회계로 활동하였다. 기계창에서 그때그때 필요한 예산, 설비, 건물 유지보수 등을 위하여 필요한 것들은 데이비스가 지속적으로 관심을 갖고 보낸 후원금으로 충당하였다.[77)]

베어드 교장의 사임과 나도래 교장의 취임

1916년 초대 교장이며 기계창에 깊은 이해와 방향을 주도한 베어드 교장이 사임하였다. 그의 사임은 1911년부터 시작된 이른바 '대학문제(College Problem)'의 결말 과정에서 빚어졌다. 베어드는 대학문제로 인해 선교부와 갈등을 빚고 결국 학교를 떠나야 했기 때문이다. 미 북장로교 선교본부의 서울에 기독교대학을 설립하기로 하고 평양의 숭실대학에서 철수하는 안에 대해 베어드는 합리적이고 경험적인 논리에 기인해 강력하게 반대했다. 이 문제로 장로교 감리교 연합으로 운영하던 숭실학교에서 감리교가 철수하였다. 베어드는 이 과정에서 학교를 사임하였다.

베어드의 뒤를 이어 교장을 맡게 된 나도래(라이너) 선교사는 베어드의 정책을 이어받아 자조부와 기계창을 발전시켰다. 1916년에는 숭실대학생 15명, 중학생 75명이 일했는데, 전 해보다는 인원이 조금 줄어들었다. 하지만 작업은 안정을 찾고 지속적으로 진행되었다. 숙련된 학생들도 많았지만 아직 기술을 익히지 못해 훈련받아야 할 학생들도 있었지만 훈련시킬 여력이 별로 없었던 듯하다. 그러나 미국의 데이비스가

---

77) H. A. Rhodes, 최재건 역, 『미국 북장로교 한국선교회사』, (서울: 연세대학교출판부, 2009), 170.

는 매년 1,000달러를 기부하여 기계창을 활성화시키는데 큰 도움을 주었다. 하지만 선교부로부터 지원이 있었음에도 부족분이 466.55엔 정도였던 것으로 보고된 것으로 보아 여전히 재정적으로는 어려움이 있었던 것으로 보인다.

1916-1917년 숭실 회계 보고서

* 화폐단위는 모두 엔화임

수입	수업료	1916.10
	선교 후원금	2751.32
	기타 수입	466.66
	소계	**5134.08**
지출	기타 지출	349.53-800
	공급 및 수리	358.84
	도서 구입	7.97
	전기료(전등, 열, 온수)	243.37
	교수 급료	4032.20
	다른 급료	334.27
	운동경기	274.23
	소계	**5600.63**
지출		5600.63
수입		5134.08
부족분		466.55

1919년 3.1운동은 기계창의 위상을 한껏 드높였다. 평양 지방의 독립만세 운동에서 사용된 독립선언서(獨立宣言書)의 일부가 기계창에서 인쇄되었기 때문이다. 당시 인쇄부의 책임자로서 직접 인쇄에 임했던 김필수는 생생한 기록을 남겨 놓았다.

> 내가 지시 받은 분량은 모두 3,000장이었다. 그런데 기계창에 있는 족답식 인쇄기의 성능은 잘해야 한 시간에 1,000장을 인쇄할 수 있을 정

도였기 때문에 하룻밤에 조판과 교정을 거쳐 3,000장을 인쇄해 낸다는 것은 여간 힘든 일이 아닐 수 없었다. 그러나 일의 시간성과 중대성에 비추어 쉬지 않고 계속한 결과 새벽녘에는 목표량을 모두 인쇄해 낼 수 있었다. …내가 밤새워 인쇄한 선언서들은 곧 평양의 만세 시위날인 3월 2일 오후 한 시에 숭덕학교 교정에 운집한 학생과 시민들에게 배포되었던 것이다.[78]

그런데 3.1운동 이후 기계창은 규모가 상당히 축소된 것으로 보인다. 모의리[79]선교사의 1920년의 선교보고서가 이를 나타낸다. 기계창에는 여전히 일감이 주어졌지만 자세한 성과는 기록되지 않고 있으며 30명의 학생들이 다른 곳에 고용되었다고 보고하고 있다. 3.1운동의 여파로 많은 사람들이 옥고를 치르고 고초를 겪으면서 기계창은 다소 활기를 잃은 듯 보인다. 기숙사 시설이 부족하여 많은 학생들을 수용할 수는 없는 상황에서 더 나은 기숙사를 위해 노력 중이고, 선교부에서 한 분이 한 약정 기부로 벽돌 기숙사는 여름에 수리될 예정이라고 보고하고 있다. 기계창은 통상적인 작업만을 한 것으로 짐작된다.

그러나 2년 후 마펫의 보고서에 따르면, 1922년 기계창은 다소 여유있고 성공적이었다고 보고하고 있다. 그 무렵 마펫은 3대 교장으로 일하고 있었다. 그러나 기계창에서 일하는 학생들의 숫자는 예년에 비해

---

78) 『숭실대학교 90년사』, (서울: 숭실대학교, 1987), 142-143. 김필수는 1922년도 숭실대학 13회 졸업생이다.

79) 모의리(E.M. Mowry)는 1919년 3·1운동 때 마포삼열(馬布三悅: S.A. Moffet)·윤산온(尹山溫: G.S. McCune) 등과 함께 운동을 후원하였으며, 일본경찰로부터 쫓기는 한국인을 자택 지하실에 은신시켜주었다. 신사참배 문제로 윤산온이 교장직에서 물러나자 1936년 교장으로 봉직하였다. 끝내 신사참배를 거부하여 폐교수순의 뒤처리를 감당하였다. 장대현교회에서 찬양대를 조직하는 등 한국에 서양음악을 보급 전파하는데 기여하였다. 정부는 1968년 건국훈장 독립장을 수여하였다.

상대적으로 줄어들었다고 보고하고 있다. 평균 20명의 숭실대학생과 40명의 중학생이 일하게 되었는데, 1910년대와 비교하면 전체 숫자는 절반 정도로 줄어든 셈인데, 대학생 숫자는 비슷하지만 중학생 숫자는 상대적으로 더 많이 줄어들었다. 최고의 인재들이 많지만 이들을 모두 수용하지 못해 유감스럽다고 보고한다. 특히 목회자 자녀들을 위한 장학금이 필요함을 언급하고 있는데, 이들을 모두 수용할 수 없기에 장학금을 마련할 필요성이 있음을 강조하고 있다. 1920년대에 주목할 점은 바로 루츠 선교사가 시작한 농업부 사업이다. 농업 사업이 활성화되기 위해서는 설비를 위한 재정이 필요하며, 독립 건물과 양호실도 필요함을 역설한다.

1924년 방위량은 자신의 선교보고서를 통해서 맹로법의 휴가를 언급하는데, 그는 이 보고서에서 맹로법이 기계창을 위해 얼마나 헌신적으로 수고했는지 자세하게 소개하고 있다. 맹로법은 기계창의 총책임자로서 해마다 50명에서 100명에 이르는 학생들의 직업 훈련을 시키면서 선교부의 자산을 돌보며, 여러 방면에서 많은 사람들을 도왔다는 점, 평양에 있는 22개의 선교사 가정과 12개의 기관의 건물관리와 유지보수를 담당했다는 점, 물탱크가 터지거나 수도꼭지가 새거나, 혹은 난방설비가 작동하지 않을 때 그가 언제나 비상대기 상태로 있으면서 수리를 도맡아 했다는 점 등을 소개하고 있다. 맹로법이 휴가로 자리를 비운 사이에 평양 선교지부에는 크고 작은 사건들이 많이 발생했다. 늘 발생할 수 있는 고장이었지만 그의 부재가 더욱 부각되었던 해였다. 놀라운 사실 하나는 데이비스는 맹로법의 그 동안의 헌신과 수고를 격려하기 위해 아름다운 건물을 기부한다는 점이다.[80]

1925년에 기계창은 1,200여 개의 세부 작업으로 더욱 세분화되었고,

80) W. M Blair "Who's who in Pyeongyang"

2만 5천 엔의 매출을 달성할 정도로 발전하고 있었다. 또한 이 시기 기계창에는 획기적인 새로운 시도가 있었다. 그것은 바로 학생들이 한 해 동안 학업을 중단하고 온전히 기계창에서 풀타임으로 일하면서 기술을 익히는 것이었다. 이른바 전일제 근무가 도입된 것이다. 한 해 동안 일함으로 충분한 급료와 보너스를 통해 나머지 학기 동안 공부에 온전히 집중할 수 있도록 하는 새로운 제도의 계획이었다. 공부를 집중적으로 해야 하는 학생의 입장에서, 또 기술을 완숙하게 익혀야 하는 입장에서 모두 만족시킬 수 있는 제도의 계획이라고 볼 수 있다. 이러한 기간을 통해서 학생 스스로 자립할 수 있는 길을 열어주는 계획인 것이다. 당시 새로운 계획에 12명이 일하게 되었고, 이들에 대한 급료로 3,500엔이 지급되었음을 보고하고 있다.

1928년의 보고서에서는 많은 일들이 진행되었음을 보고하고 있다. 풀타임으로 일하기로 한 계획이 실행되었고, 19명의 학생들이 일하여 자신들의 소득 5,000엔을 학교에 등록금으로 예치했다. 기계창의 총 수입은 35,000엔이며, 4명은 정규직으로 고용되었다. 또한 여름학생복을 직접 제작하기로 하여 전기방직기계를 들여와 의복을 직접 제작하기도 하였다. 또한 근로 학생들을 위한 기숙사가 1927년에 완공되어 생활환경이 더욱 안정되었다. 루츠가 진행하고 있던 농업부는 활발하게 활동하여 많은 성과를 내고 있었다. 농민들로부터 깊은 신뢰와 존경을 받았고 토양실험을 거쳐 한국적 상황에 맞는 영농법을 개발하였다. 한 해 동안 400개 이상의 토양 샘플을 채취하여 실험한 결과 콩과 식물 재배를 권유하였고 수많은 농민들의 관심 속에서 교육이 진행되었다. 또한 가정용 캔을 만드는 기계로 채소를 캔으로 만드는 것, 양봉, 시리얼 공장, 유제품 개발, 농업 잡지 발간 등 활발한 활동이 있었다.

사업 영역의 확장

1929년 보고서를 보면 기계창의 외연이 확대되어 선교사들의 여름 휴양소인 구미포(소래 포구)의 여름별장 건축을 건축하는 일에도 참여하였고, 각종 가구 제작과 수리로 분주했다고 보고하고 있다. 당해 풀타임으로 근무하는 학생 수는 더욱 늘어나 25명의 학생들이 일하면서 기술을 배웠다. 이로 볼 때 몇 년 동안 풀타임제를 시범적으로 운행한 결과, 일과 학업을 병행하는 파트타임보다 풀타임으로 기계창에서 1년 동안 전적으로 일에 집중하고, 나머지 기간에는 학업에 충실하는 것이 더 효율적이고 바람직하다는 결론이 난 것으로 보인다. 이로 인해 풀타임으로 일하는 학생 수가 좀 더 늘어 24명 정도가 일하고 있었다. 이렇게 일하는 학생들에 대한 급여는 일 년 동안 5,000엔 이상 지불되었다. 각 개인당 약 208엔 조금 넘게 지불되었다. 학생들은 기계창에서 1년 동안 일한 급여를 통해 나머지 학업기간에 생활비 걱정 없이 온전히 학업에 집중할 수 있었다.

1930-1931의 보고서에 따르면, 기계창은 이제 가장 효율적 운영을 위한 완벽한 시스템을 구축하고 돌아갔던 것으로 보인다. 학생들은 두 종류, 즉 한 부류는 풀타임, 또 한 부류는 파트타임으로 일하는 학생들로 나누어 운용했다. 기계창에서 일하는 작업의 양이 많고 종류도 다양함에도 각자가 성실하게 일하여 큰 어려움 없이 순조롭게 진행되었다. 기계창에서 일하는 학생들은 신실한 기독교인들이었고 최고의 학생들이라고 자랑스럽게 밝히고 있다. 루츠에 의해 시작된 농업 사업도 크게 활성화되어, 1개월 단기 농업 과정이 개설되어 성공적으로 진행되었다. 토양 샘플을 통해서 각 지역에 맞는 농사법이 시행되었다. 숭실대학에는 1931년부터 농과가 개설되어 농업부는 이전보다 더욱 활기를 띄게 되었다. 여러 곡물과 통조림을 생산하고 새로운 낙농기술이 보급

되었다.

1931년의 평양지부의 연례보고서에는 맹로법의 회계 보고서가 함께 첨부되어 있다. 회계 보고서의 말미에 맹로법은 자신과 기계창이 하는 일이 얼마나 광범위하고 많은지를 기술하면서 "산부인과 병원 설비부터 시작해서 무덤을 파고 비석을 세우는 일까지, 즉 한 사람의 인생이 시작되는 시점부터 죽음에 이르기까지 필요한 모든 시설과 도구들을 제작하고 있다" 고 표현하면서 그는 마치 약방의 감초처럼, 팔방미인처럼 그때그때 필요한 모든 것들을 빠른 손놀림과 성실함으로 잘 감당하고 있음을 표현했다.

1931~1932년 편하설의 보고서에 따르면, 이 해 기계창은 최고의 한 해를 보냈다. 그만큼 일의 성과가 탁월했고 작업의 내용 또한 알찬 한 해를 보냈다. 수도꼭지를 수선하거나 커피포트에 난 구멍을 때우는 것부터 주택을 건설하는 데까지 모든 일을 총괄하였다. 정부의 숭실대학 내에 농과를 승인함으로 농업부가 더욱 활성화되고 활기를 띄었다. 학생들은 농장에서 작업을 하고 직접 돼지를 기르고 도살하여 햄과 베이컨을 만드는 등의 실험과 실습을 하기도 하였다. 당시 10명의 학생들이 농장에서 일을 하면서 생활비와 학비를 벌었다. 또한 통조림 공장이 운영되어 2,200개의 과일과 채소 통조림이 생산되는 획기적인 일이 있었다. 그만큼 기계창의 영역이 넓어졌다는 것이다.

하지만 맹로법이 70세가 되어 은퇴하게 되자, 맹로법의 은퇴로 인한 기계창의 공백에 대해서 무척 염려하고 있다. 편하설은 이때의 보고서에서 만일 맹로법이 없으면 기계창을 폐업하게 될 지도 모른다고 염려했다. 그만큼 맹로법의 기계창 내에서의 역할과 위치는 중요했던 것이다.

1932년 숭실중학교의 보고서에도 맹로법의 은퇴를 다루면서 그는 800명이나 되는 숭실 학생들을 훈련시키는데 큰 공헌을 하였음을 치하하고 있다. 맹로법은 단순히 기술만 가르친 것이 아니라 학생들의 인성에도 크게 영향을 끼쳤음을 말하고 있다. 스코틀랜드식 훈련이라고 말하는데, 그의 강직하고 올곧은 성격은 학생들을 견실하게 세우는데 큰 역할을 했음을 시사하고 있다. 그는 따라가기 어려울 만큼 비범한 인물이었으며, 사시사철 변함없이 묵묵히 자신의 자리를 지키면서 성실하게 최선을 다했음을 말하면서, 그와 비견될 만한 인물을 속히 보내주시도록 기도하고 있다.

1932~1933년 평양선교지부의 보고서에는 맹로법의 은퇴를 비중 있게 다루고 있는데, 이는 맥큔의 숭실중학교 보고서에서도 마찬가지이다. 맹로법은 1932년 4월 4일부로 은퇴하였다. 그는 25년간 기계창의 책임자로서 일하면서 강력한 지도력을 발휘하여 숭실의 젊은이들에게 깊은 인상을 남겼다. 그의 영향력은 한국의 젊은이들뿐 아니라 평양 외국인 학교의 선교사들 자녀들에게까지 미쳤다. 맹로법의 공로를 치하하기 위해 1931년 신축된 체육관의 이름을 맹로법 체육관으로 명명하게 되었다.

1932~1933년에 맹로법은 마지막 보고서를 보내면서 "선교부의 규칙에 따라서 지난 4월 4일부로 장로교 해외 선교부의 조선 선교부와의 나의 연관은 자동적으로 해지되었습니다. 하나님께서 나로 하여금 한국에서 사역하도록 허락하신 25년은 정말로 행복한 시간이었습니다. 그 기간은 사실 바쁘고 분주하였지만 그 시간들을 되돌아보면, 정말 분주한 것처럼 보이지만 그만큼 더 행복한 시간이었습니다. …기계창은 올 해 새롭게 보고할 내용이나 흥미로울만한 것은 없습니다. 그러나 작년에는 수많은 학생들이 그들에게 지불한 것과 우리의 사업을 통해 얻은 수익을 통해 이전 그 어느 해보다도 더 많은 수의 학생들이 기계창을 통해 도움을 받았다는 사실을 말씀드릴 수 있겠습니다. 5,000엔 이상이 우리 학생들에게 지급되었으며, 우리 사업의 총액은 4만엔을 넘어섰습니다. 우리가 하는 작업의 다양성을 열거하려고 할 때, 우리가

선교부와 선교지에 봉사하는 수고를 능가할 만큼 우리 작업의 다양함을 신중하게 절충해서 말씀드릴 수 있을 것입니다. 아마도 이것이 마지막 보고서가 될 듯합니다."라고 하였다.

1933-1934년 연례보고서에 따르면, 맹로법은 공식적으로 은퇴하였지만 아직 후임자가 오지 않아 계속 기계창의 일을 맡아서 수고하고 있음을 밝히고 있다. 맹로법이 수고와 헌신은 하나님께서 갚아주실 것을 믿고 고백한다.

맹로법의 후임으로 한국인 윤기화가 결정되었다.

3. 기계창의 주요 작업과 의의

1) 주요 작업

(1) 인쇄

인쇄부는 기계창이 시작된 1902년보다 2년 먼저 시작되었다. 족답식 인쇄기가 도입되면서 인쇄부는 활발하게 숭실에서 사용하는 모든 학습자료와 평양지역 교회가 사용할 인쇄물을 주문받아 제작하였다. 인쇄부는 나중에 기계창에 편입되어 더욱 왕성하게 진행되어 많은 학생들이 근로의 기쁨을 누리게 되었다.

(2) 단조

단조(hammering)란 금속을 해머로 두들기거나 프레스로 눌러서 필요한 형체로 만드는 금속 가공 작업의 하나이다. 높은 온도에서 금속 재료가 쉽게 늘어나는 성질을 이용하여 다양한 물품들을 제작한다.

(3) 주조

쇠붙이를 녹여 거푸집에 부은 다음, 굳혀서 물건을 만드는 작업방법으로서, 녹인 금속 재료를 만들고자 하는 모양의 거푸집에 부어서 굳혀 원하는 물건을 만드는 작업형태이다.

주물은 청동기 시대부터 만들어졌는데, 그 중에서 가장 발달되고 흔한 것은 철주물이다. 그 밖에 구리·아연 합금·경합금 등 여러 가지가 있다. 평양 시내 개척교회의 종을 제작하여 공급하였다.

(4) 제관

함석을 이용하여 난방을 위하여 사용하는 석탄 난로의 연통을 만들어서 공급하였고 양동이, 물통 등의 제작도 이루어진 것으로 판단된다.

(5) 목공

당시에 손쉽게 이용할 수 있는 재료는 목재였기 때문에 목공부가 번창하였으며 집이나 건물을 짓는 경우 모든 목재의 가공을 하여 공급하였다. 또한 가정에서 사용하는 가구들의 제작도 이루어졌으며 일본인들에게도 인기가 많았다고 전해지며 선호하는 제작품이 많이 만들어졌던 것으로 알려지고 있다.

(6) 학교 기물 제작 및 수리

학교건물도 주로 목재를 이용하여 제작되었으며 책상, 의자, 책장, 교탁, 교단, 흑판 수리, 창틀 보수, 유리창, 운동기구 등을 제작하여 공급하였다.

(7) 농기구 제작 및 수리

당시에는 농업사회였기 때문에 모든 이들이 농업에 참여하였다. 따라서 농기구의 제작은 농민들에게 반드시 필요한 것이었으며 농기구를 제작하기 위해서는 기계창에서 단조작업이나 주물작업을 통하여 금속으로 된 부분을 다듬고 손잡이나 기타 부분들은 목재를 다듬어 제작하였다.

(8) 교회 종 제작

부흥회가 활발하게 이루어짐에 따라 각지에서 새로 교회들이 많이 생겨나게 되었으며 이에 따라 교회의 종의 수요가 늘어났다. 교회마다 종은 필수품이었다. 기계창은 주물작업을 통하여 종을 제작하고 종을 매달수 있는 목재타워를 건립하였다.

(9) 선교부와 선교사들의 건물 및 집수리

당시에는 선교사들이 많이 활동하고 있었고 선교사들의 주거시설에는 서양문화에 익숙한 여러 가지 가재도구들이 많이 필요하여 제작할 필요가 있었고 가제도구들이 고장나거나 파손되었을 때 유일하게 수리를 고품격으로 할 수 있는 곳이 기계창이었던 것으로 판단된다.

2) 기계창의 의의

1935년의 평양 선교지부 보고서에는 기계창의 목적을 밝히고 있다. 첫째 목적은 경제적인 여건이 어려운 학생들이 이곳에서 일하면서 생활에 도움을 받는 것이고, 둘째 목적은 선교부의 모든 건물과 가정의 필요를 충족시키는 것이라고 하였다.

이미 앞에서 기술하였듯이 베어드의 높고 먼 안목에서 시작된 숭실의 학생자조사업은 학교의 주요한 사업으로 계속되었고 발전하였는데, 1938년 폐교될 때까지 약 600여 명의 학생들에게 학비를 제공하였고 그들이 사회에 진출하여 각 방면에서 역경을 무릅쓰고 민족과 교회를 위해 앞장서서 활약할 수 있는 강인한 의지를 길러 주었으며, 그들로 하여금 기술을 통하여 사회에 봉사할 수 있는 훈련장이 되었다. 즉 1902년부터 시작하여 1938년까지 36년 동안 숭실의 기계창은 가정이 빈곤하여 고등교육을 받지 못하는 600명의 학생들에게 학비 자급의 기회를 제공함으로써 학업을 마칠 수 있도록 해주었다. 그리고 기계창을 통해서 배출된 인재들은 교육계, 종교계, 산업계에서 한국사회와 한국교회를 섬겼다. 이것이 비전의 사람 '윌리엄 베어드', 비전이 가동될 기름을 제공한 사람 '사무엘 데이비스', 그리고 이를 완숙하게 운전한 사람 '맹로법'이라는 3두 마차가 이끈 '숭실 기계창'의 전설이다.

기계창은 앞서 말한 것 외에 다음과 같은 성과도 있었다.

(1) 기계창은 대학 재정충실화의 방편을 제공하였다.

숭실이 전문학교로 개편된 이후 1년 평균 예산은 82,314원이며, 학생 1인당 경비는 661원이다.[81] 이는 다른 사립 전문학교에 비해 튼튼한 재정 상태를 유지하면서 학교가 운영되고 있다는 점을 드러낸다. 숭실이 당시 교육기관들 중에서 튼튼한 재정으로 운영되고 있었던 이유 중 하나는 바로 학자자급제도의 실시를 통하여 학생들에게 자립화의 길을 열어주었기 때문이다. 학자자급제도가 학생들의 자립과 기술 습득을 통한 사회봉사 훈련을 시키며, 학생들의 원활한 학비 조달을 가능하게

81) 『숭실 100년사』, 332.
82) 『숭실 100년사』, 337.

함으로써 학교재정에 충실을 기할 수 있었던 것이다.[82]

(2) 자립과 실용교육의 지평을 찾아 넓히는 대학의 표본이 되었다.

자립부는 농과로 발전하게 된다. 휘트모어(Whittemore)의 기부로 베어드가 자립부를 위해 구입한 논밭이 기반이 되어 나중에 농과로 발전되었다.[83] 숭실전문학교의 학과 증설 계획은 1928년 윤산온이 교장으로 취임하면서 진전되기 시작하였다. 당초에 농과와 이과를 설치하기 위하여 우선 강습소의 명목으로 양과를 신청하고자 하였다. 농과를 위한 시설로는 종래 가지고 있던 1만여 평의 시험장을 활용하기로 하고, 공과는 종래의 기계창 안에 있는 목공과 철공 양부를 확장하여 사용할 예정이었다. 그리고 농과와 공과의 설치를 위하여 교수진도 강화하기로 하였다. 미국인 농학사 루츠와 공학사 솔토(Soltau)를 채용하기로 하였고 한국인 교수도 물색하였다.[84]

1931년에 농과가 설치되었는데, 학교 임시비 37,000원을 계상하여 총독부 학무국에 농과의 증과 신청을 제출하여 3월 중에 정식 인가를 받아 30명의 학생을 모집하게 되었다. 이로 인해 관립 수원고등농림학교와 어깨를 겨누게 되었다. 농과 실습장으로 평양부 밖 사동(寺洞)에 양돈(養豚)과 양잠(養蠶) 등의 실습지 4만 평과 평양부 밖 서장대(西章臺)에 과수와 수전의 실습장으로 8만여 평의 실습지를 확보하였다. 그리고 농장 안에 벽돌 2층의 실습관을 세워 실습농장에서 산출되는 농산물의 저장 또는 통조림 제조실 등의 설비를 갖추었다. 또한 학교 구내에 9천여 원의 공사비로 농구실, 퇴비장, 계사, 양잠실, 온실, 사무실을 건축하였다.[85]

83) Richard H. Baird, 『윌리엄 베어드』, 293.
84) 『숭실 100년사』, 283-284 참고.
85) 『숭실 100년사』, 284.

1934년에 미국인이 기부한 3만 원과 차순봉이 기부한 1만 5천 원으로 농장 안에 창고를 비롯하여 발동기를 설치하고 화물차를 매입하였으며 훈제실(Smoking house)을 건축하였다. 또 신양리 농장에는 3,000원의 경비를 들여 창고, 관리 주택, 학생 휴게실 등을 건축하고 숭실경제농장에는 경비 약 1만 원을 들여 장 200간, 광 100간, 깊이 40척의 저수지 시설 공사를 진행하였다.[86)]

1932년도의 숭실전문학교 실습농장 요람에 보면, 1931년부터 신양리 실습장에는 소채에 관한 재배를 하고, 서장대에서는 작물, 사동에는 작물 외 주로 과수원, 동대원에서는 목장을 각각 분립시켜 사업을 크게 확장시켰다고 보고하고 있다. 1933년부터 용강군에 용강 분장을 설치하여 보통농사를 경영하였다.[87)] 농과의 설치 이외에 공과와 여자 가정과의 설치 등도 계획하였으나 뜻을 이루지 못하였다. 공과의 설치는 기계창 중 목공, 철공 양부를 확장하여 발전시키고자 하였던 것이지만 결국 뜻을 이루지 못하고 1938년 폐교되었다.

(3) 학문과 직업을 통합하는 산학협력의 모델이었다

기계창은 우리나라에서 최초로 시도된 철저한 직업교육이었고, 오늘날의 산학협동의 원형이었다. 베어드에 의해 시작된 숭실의 학생자급제도와 기계창은 대학의 중요한 사업으로 계승되어, 평양 숭실이 폐교된 1938년까지 수많은 학생들에게 학비를 제공하였고, 그들이 사회에 진출하여 각 분야에서 민족과 교회를 위하여 활약할 수 있는 강한 의지를 길러 주었으며, 그들이 이곳에서 배운 기술을 통하여 사회에 봉사할 수 있도록 훈련시켰다.

---

86) 『숭실 100년사』, 286.
87) 『숭실 100년사』, 287.

1937년도 기계창과 기계창에서 일하는 학생들

숭실기계창 창장 및 기술학습원장을 맡았던
故윤기화(1880년~1958년)

제4장

기계창이 배출한 인물들

학생들의 학자자조를 위해서 시작된 숭실의 자립교육 프로그램은 기계창을 통해서 완성되었다고 볼 수 있다. 기계창의 원조라고 볼 수 있는 근로부나 자조부, 인쇄부에서부터 배출된 졸업생들은 1902년부터 1938년까지 36년 동안 대략 600여 명 정도로 본다. 이들은 기계창에서 배우고 익힌 지혜와 지식으로 한국교회와 한국사회를 섬겼다. 그들은 자신들에게 비전을 일깨워 주었던 '윌리엄 베어드'처럼, 사람의 비전을 이룰 수 있도록 누군가를 지속적으로 지원하고 후원했던 '사무엘 데이비스'처럼, 그리고 비전을 완숙하게 운전했던 '맹로법'처럼 자신들의 삶의 자리에서 또 다른 '기계창'을 건설하며 살았다. 여기에서 소개하는 인물들은 그 중 극히 일부다.

1) 김형남 (金瀅楠: 1905–1978)

김형남은 1905년 1월 18일 평남 강서군 동진면 태성리에서 김찬희와 이진희 사이의 2남 2녀 중 막내로 태어났다. 그가 태어난 강서군은 서북지역에서 가장 먼저 기독교를 받아들이고 신교육에 눈을 뜬 지역으로, 도산 안창호, 고당 조만식, 언론인 양기탁, 목사 손정도 등이 이 곳

▌제9대 학장 · 초대 총장 김형남

출신이다. 1918년 마펫(S. A. Moffet)이 세운 명신학교(命新學校)를 졸업한 김형남은 1919년 9월 숭실중학 2학년에 편입했다. 그 때부터 1924년 미국으로 유학을 떠날 때까지 김형남은 5년 동안 기계창에서 일하면서 학업에 정진했다. 미국 웨슬리안 대학 화학과 3학년에 편입, 공부와 아르바이트를 병행하며 각고의 노력 끝에 졸업하였다. 이후 디트로이트 소재 우유 공장에서 일하며 저축한 돈으로 뉴욕의 프렛(Pratt)공과대학 4학년에 편입하여 페인트, 피혁, 도금, 단조학 등을 공부했다. 그는 숭실기계창에서 처음 2년 반 동안은 밭에 나가 수수를 수확하는 일이나 학교 앞 도랑을 치는 일 또는 유리를 갈아 끼우는 일 등을 하다가 나중에는 미제 톱이나 대패로 일하는 시간을 가졌다. 매일 4시간씩 월평균 20일간 일하면 7원 20전(시간당 9전)을 벌게 되는 데 그는 이 돈으로 기숙사 식비를 충당하고 나머지는 용돈으로 사용했다. 1922년부터는 철공부에서 단조(鍛造) · 주물(鑄物) · 연관(鉛管) 협관 공사, 책상과 의자 등을 제작하였다. 그는 기계창에서 보낸 5년간의 시간을 통해서 근로의 보람과 근로정신의 참뜻을 일깨워 주었다. 그는 이렇게 기계창을 기억하고 있다.

창설 시에는 청소, 농사, 삿자리 겻는 것, 초신삼기, 이발일 등을 학생들에게 제공하였으며 1910년 이후에는 제도, 등사, 목공, 철공, 유리공, 협관공사 및 주물, 인쇄 등등으로 다채롭게 확대되어 갔다. 근로 작업을 하는 대학생이 20여명, 중학생이 30여명이었으며, 일요일을 뺀 다른 요일은 오후 1시 30분부터 5시 30분까지 4시간 동안 작업을 하였다. 당시 물리, 화학, 실험시간을 제하면 월 20일은 작업할 수 있으며, 20

일간 작업을 하면 기숙사 식비와 수업료를 낼 수 있었다.[88]

1922년 대학에 입학한 후에는 철공부(鐵工部)로 옮겨 단조(鍛造), 주물(鑄物), 연관(鉛管)공사, 책상과 의자의 제작 및 수선을 맡았다. 숭실학교의 의자와 책상은 거의가 내손을 거친 것이었다. 그 때 현제명(玄濟明)군과 김성호(金成浩) 군이 철공부에서 단조 일을 하면서 큰 망치를 서로 먼저 차지하려고 다투던 모습이 눈에 선하다. 대학생은 시간당 13전을 받을 수 있었으나 실험시간 때문에 중학생 때처럼 많은 일을 할 틈이 없었고 또 다른 사람들의 외국 유학에 자극되어 일손이 제대로 잡히지 않았다. 그러나 분명히 말해 두고 싶은 것은 기계창은 나를 포함한 많은 학생들에게 공부할 기회를 주었고 또 나중에 나의 직업 선택에 큰 지침이 되었으며 근로의 보람과 자립정신의 참 뜻을 일깨워 주었다는 점이다.[89]

1930년 프랫트 공과대학을 졸업하고 귀국한 다음 미군정청 광공국에서 근무했다. 1951년 전남방직을 복구하여 운영하였으며, 1957년 숭실대학 이사장, 종합대로 승격한 1972년 숭전대학교 초대 총장을 역임했다. 1977년 국민훈장 모란장을 수여받았고, 1978년 74세로 소천했다. 그의 좌우명은 "얼굴에 땀을 흘려야 밥을 먹는다"고 하였는데, 이는 창세기 3장 19절 말씀으로 땀 흘려 노동하고, 귀중한 열매를 맺어, 그 열매를 이웃과 더불어 나누어 먹는다는 의미이다. 그는 재건 숭실의 중흥을 이끈 대인으로 인지되고 있다.[90]

---

88) 숭실대학교 한국기독교 박물관,『숭실중흥의 대인 김형남』, (서울: 숭실대학교, 2011), 162.
89)『숭실대학교 90년사』, (서울: 숭실대학교, 1987), 143-144.
90) 숭실인물사편찬위원회,『인물로 본 숭실 100년』, (서울: 숭실대학교, 1995), 83-98.

2) 현제명(玄濟明: 1902-1960)

현제명은 1902년 12월 18일 대구에서 기독교 가정의 2남 2녀 중 둘째 아들로 태어났다. 주일학교 시절부터 음악적 재질을 보였으며, 장로교 계열인 계성고에 입학한 이후부터 그의 자질은 크게 인정받았다. 1920년 같은 장로교 계열인 숭실 전문학교로 진학하게 되었다. 숭실전문에는 음악학과가 없었으나 미국선교사들이 음악교육에 각별한 역점을 두었기에 음악을 깊이 공부할 수 있었다. 솔토(Soltau) 부인에게 피아노를, 료트(Rotos) 부인에게서 성악지도를 받았고, 4학년 때 로디히버(Home A. Roderheaver)의 주선으로 무디신학교로 유학했다,

현제명은 숭실전문학교 시절 학비를 충당하기 위해 고학을 해야만 했다. 기계창에 설치된 목공부와 철공부에서 혹은 선교사의 집에서 잡일을 함으로써 스스로 학비와 생활비를 조달해야만 했다. 그는 1924년 15회로 숭실대학을 졸업했다. 1928년 시카고 음악학교에서 석사학위를, 1957년 박사학위를 취득했다. 1932년 조선음악가 협회 이사장, 1946년 서울대 음대 초대학장에 취임했다. 1960년 유네스코 한국위원회 부위원장을 역임했다. 58세를 일기로 별세했다. 작품으로는 오페라 춘향전과 왕자호동 등이 있으며, 가곡으로는 고향생각, 그 집 앞, 희망의 나라로, 집으로 오라, 여름저녁, 뱃노래, 진달래 등 다수가 있다. 숭실 기계창에서의 경험은 그를 낙천적이고 도전적인 사람으로 만들었다. 동문인 김형남은 기계창의 철공부에서 단조 일을 하면서 동료 김성호와 큰 망치를 놓고 서로 먼저 차지하려고 다투었던 일을 추억으로 기억하고

있다.[91)]

3) 김성호(金成浩: 1903-1975)

김성호는 1903년 12월 8일 평북 선천군 선천면 천북동에서 부친 김치세와 모친 송씨 사이의 2남 1녀 중 차남으로 태어났다. 당시 선천은 미 북장로교 선교사 위대모의 영향으로 기독교 발전의 중심지로, 신교육의 발상지가 되어 있었고, 김성호 역시 자연스럽게 그 영향을 받게 되었다. 그는 1922년 북장로교 선교부에서 세운 선천의 신성중학교를 졸업하고, 그 해 선교사의 도움으로 평양 숭실대학에 진학하게 된다. 그의 숭실대학에서의 기억은 그의 친구였던 한경직의 회고를 통해서 확인할 수 있다.

> 내가 숭실대학에서 공부할 때 학비를 보태기 위해서 방위량(邦緯良) 목사의 서기 일을 보고 있었는데 그 당시 그 옆집에 살면서 재산관리와 건물영선을 맡아 보던 미국인 소열도(Soltau: 蘇悅道)의 집에 가니까 거기서 역시 나와 같은 모양으로 도면도 그리고 목공일도 하며 학비를 마련하던 김성호 군을 만나게 되어 그 때부터 서로 오가면서 친구가 되었지요.[92)]

---

91) 숭실인물사편찬위원회, 『인물로 본 숭실 100년』, (서울: 숭실대학교, 1995), 117-130.
92) 숭실인물사편찬위원회, 『인물로 본 숭실 100년』, (서울: 숭실대학교, 1995), 157.

한경직의 이러한 회고담은 김형남의 회고와도 일치한다. 그는 숭실대학 이과에 재학하면서 당시 숭실대학이 학생들의 학비조달을 위해 설치한 기계창의 자조근로부에 들어가서 도면도를 그린다거나 목공일, 혹은 철공부의 여러 일들을 하면서 기숙사비 식비, 학비 등을 마련한 것이다. 그는 1925년 숭실전문학교를 졸업하고, 1926년 도미하여 일리노이주 만마운트 대학에서 응용화학학사를, 에반스톤의 노스웨스턴대학 대학원에서 석사과정을 이수했다. 유학시절 미국은 경제공황기여서 학창생활이 어려웠지만 역시 미국에서도 하우스키퍼(house-keeper)로 숙식문제를 해결해 가면서 연구 활동을 해야만 했고, 그런 와중에도 애국단체인 흥사단 활동을 통해서 조국 독립운동에도 기여했다. 1951년 대한석탄공사를 설립하고 총재로 취임하고 경영에 힘썼다. 평생 한경직이 담임한 영락교회 장로로 신앙인의 정도를 걸으려고 노력했으며, 서울에 재건된 모교를 위해서도 힘썼다. 1957년부터 67년까지 숭대 제2대 동문회장으로, 1960년부터 69년까지 모교의 재단이사로 참여했다. 1975년 1월 11일 72세로 소천 했다.[93)]

김성호의 일생은 한마디로 자수성가의 일생이었고, 그의 좌우명은 '의타심을 버려라, 항상 정직하게 살아라'인데, 이 좌우명 속에는 철저한 자립의 삶을 강조한 숭실의 정신이 고스란히 배어 있다. 이후 그는 대광학원 설립과 숭실학교 재건에 적극적으로 참여했다. 그는 재건숭실의 동문회를 이끌었다.

---

93) 숭실인물사편찬위원회, 『인물로 본 숭실 100년』, (서울: 숭실대학교, 1995), 153-163.

4) 우호익(禹浩翊: 1897-1983)[94)]

우호익은 숭실학교가 평양에서 시작된 1897년 1월 8일, 평남 강서군 동진면 태성리에서 태어났다. 16세 되던 1912년 평양 숭실 중학에 입학했다. 나이에 비해 성숙하고 사려 깊고 성실한 우호익을 본 마펫 선생은 그에게 작업반장을 시켜 학생들을 감독하게 했다. 그는 기계창에서 고학으로 숭실중학 5학년을 마치고, 1917년 4월 1일 숭실대학 문과에 진학했다. 그는 여러 교수들의 신임 속에 숭실대학을 다니게 되었고, 여전히 숭실 기계창에서 계속 일을 하면서 학업을 지속해야만 했다. 대학 재학 중 그는 특히 교내 학생 전도대 활동과 교회 봉사에 열중했다.

우호익의 일생은 한마디로 숭실과 함께 한 인생이었다. 그는 1921년 12회로 숭실대학을 졸업했으며, 1921년 목포 영흥중학 교감, 1923년부터 와세다 대학에 입학하여 1927년 와세다 대학 문학부(한국사, 고려사 전공)를 졸업했다. 1927년 숭실전문 교수가 되었으며, 33년에는 문과 과장으로 문학부를 이끌었으며, 1938년 신사참배 거부로 학교가 문을 닫을 때까지 교수로 봉직했다. 1945년 해방이 되자 평양에서 숭실 재건운동을 벌였으나 평양에 공산정권이 수립되면서 물거품이 되었고, 1948년 월남하여 서울 고등학교 교사로 봉직하면서 다시 남한에 숭실을 재건

94) 숭실인물사편찬위원회, 『인물로 본 숭실 100년』, (서울: 숭실대학교, 1995), 73-82.

하기 위한 운동에 돌입했다. 1954년 서울 영락교회에서 숭실학교가 재건되면서 그는 부학장으로 사학과 교수로 숭실학교에 복귀한다. 그러나 말이 부학장이지 학장인 한경직 목사가 영락교회 담임목사이니 당연히 실제 대학행정은 우호익 부학장의 몫이었다. 그는 1958년 61세로 일선에서 은퇴하게 되나 숭실대학에서는 그를 명예학장으로 추대한다. 1977년 숭실대학은 일평생 숭실에 바친 공을 기려 그에게 명예문학박사 학위를 수여했다. 1983년 86세로 소천 했다.

16세 소년이 숭실중학과 숭실대학을 다니는 10년 동안 기계창에 의지하였다. 그는 기계창을 통해서 가난한 고학생의 어려움을 극복해 나간 것이다. 그리고 그는 다시 숭실 학교로 돌아와서 일생을 숭실인으로 살았다. 그는 기계창의 정신에 가장 부합하는 삶을 산 것이다. 진리와 봉사가 함께 가는, 배움과 삶이 동행하는 그런 삶 말이다. 그는 숭실에 일생을 바친 영원한 숭실인으로 기억되고 있다.

5) 김준민(金遵敏: 1915-2010)

김준민은 1915년 5월 20일 경기도 개풍군 남면 율응리에서 태어났다. 1934년 송도고보를 졸업하였으나, 세계적으로 휩쓸었던 경제 불황 때문에 성적이 좋은 학생들도 전문학교에 진학하기가 어려웠는데, 당시 평양 숭실전문학교에서는 가난한 학생들에게 학자자급제도가 있어 고학할 수 있다는 사실을 알게 되었다. 김준민은 숭실전문학교 농과에 지원하여 입학하였다. 김준민은 근로 학생으로 1학년 때부터 과학관에서 일하였다. 같은 학급의 다른 학

생들은 기계창과 농장에서 일을 했다. 기계창에서는 학생들에게 인쇄하는 일을 시켰고, 농장에서는 홀스타인의 젖을 짜는 일을 학생들에게 시켰다. 김준민은 과학관에서 수 백 개가 되는 곤충표본과 식물표본을 찾아 카드에 학명을 기록하는 일을 맡아 성실하게 일했다. 스스로 학자금을 마련하여 대학교육을 받을 수 있는 이 근로학생제도는 당시 숭실의 자랑스러운 교육여건 제공뿐 아니라, 숭실이 민족과 역사에 이루어놓은 커다란 봉사였다.

김준민은 1937년 숭실전문학교를 졸업하고, 일본동북대학으로 유학을 떠나 1940년에 졸업하게 된다. 1946년부터 서울대학교 사범대학 생물교육과 교수를 하다가, 1960년 미국 듀크대로 유학, 1966년에 일본동북대학에서 이학박사 학위를 취득한다. 1979년 서울대학교에서 정년퇴임한다. 저서로는 성서와 식물, 기후와 진화, 토양과 문명 등이 있다. 그는 한국식물생태학계의 태두라는 지위를 누리고 있다.

부록

맹로법의 서한과 보고서

맹로법의 개인적인 선교편지 형식으로 된 그의 선교보고서는 그가 직접 쓴 편지들과 타자기로 친 편지 두 종류가 있다. 맹로법이 1907년 평양의 숭실에 와서 기계창의 책임자로 일하기 시작한 초창기 5년 동안의 네 개의 편지들(1907년, 1908년 2월, 12월, 1911년 10월)은 그가 직접 손으로 필기체로 기록하였기에 해독하기가 어려운 부분들이 많았다. 반면 1912년, 1912~1913년, 1913~1914년, 1918년 8월, 1932~1933에 보낸 선교보고서들은 타이핑되었기에 이해하기가 상대적으로 수월하였다. 마지막 보고서인 1932~1933의 편지에도 알아볼 수 없는 부분이 조금 있었다.

모든 선교사들이 그렇듯이 맹로법도 일 년에 한 번씩 선교보고서를 보낸 것으로 판단된다. 하지만 위의 몇 개의 자료들만 찾을 수 있었고 나머지 부분은 아직 찾지 못한 상태이다.

1. 맹로법이 1907년 10월 14일 A. J. 브라운 박사에게 보낸 편지
2. 맹로법이 1908년 2월 15일 평양에서 A. J. 브라운 박사에게 보낸 편지
3. 맹로법이 1908년 12월 12일 A. J. 브라운 박사에게 보낸 편지
4. 맹로법이 1911년 10월 23일 A. J. 브라운 박사에게 보낸 편지

5. 맹로법이 1912년 9월 12일 A. J. 브라운 박사에게 보낸 편지

6. 맹로법이 1913년 12월 17일(도착) A. J. 브라운 박사에게 보낸 편지

7. 맹로법이 1913-14년도 기계창(안나 데이비스 산업부)보고서

8. 맹로법이 1918년 8월 15일 브라운 박사에게 보낸 편지

9. 맹로법이 1932년-1933년 마지막 개인보고서

10. 1914-15년 숭실 교장 베어드의 연례보고서

11. 1916-1917년 숭실 교장 라이너의 연례보고서

12. 1920년 모의리의 연례보고서

13. 1922-23년 S. A. 마펫 교장의 숭실중학보고서

14. 1922년 평양선교지부의 기계창관련 보고서

15. 1923년 평양선교지부의 산업보고서

16. 1924년 8월22일 블레어의 보고서

17. 1925-26년 평양선교지부의 보고서

18. 1928-29년 평양선교지부의 기계창관련 보고서

19. 1929-30년 평양선교지부의 기계창 관련 보고서

20. 1930-31년 평양선교지부의 기계창관련 보고서

21. 1931-32년 평양선교지부의 연례보고서 (번하이슬)

22. 1932-33년 평양선교지부의 연례보고서 - 맹로법의 은퇴 관련

23. 1932년 6월18일 숭실중학 매큔 교장의 연례보고서

24. 1933-34년 평양선교지부연례보고서

25. 1935년 평양선교지부 보고서 (안나데이비스 기계창 및 Lula Wells Institute 관련)

26. 1922년 평양선교지부 보고서 (Lula Wells Institute 관련)

27. 1925년 -26년 평양선교지부 보고서 (Lula Wells Institute 관련)

28. 1928-29년 평양선교지부 보고서 (Lula Wells Institute 관련)

29. 1931-32년 평양선교지부 보고서 (Lula Wells Institute 관련)

• 1907년 10월 14일

맹로법이 한국에 오기 전 브라운 박사에게 보낸 편지

한국 담당, 로버트 맹로법
위스콘신주 수피리어
1907년 10월 14일

A. J. 브라운 박사님
뉴욕주 뉴욕

친애하는 박사님께

제가 평양에서 사역할 능력이 있다고 여겨주신 것에 대해서 선교 국장님과 선교위원회의 다른 위원들께 진심으로 감사드립니다. 저는 그 일에 지원하고 허락을 받는 과정에서 우리 두 사람이 모두 주님의 지혜로 인도받았었기를 소망합니다.

그동안 정식으로 소개를 받는 기쁨을 누리지 못했지만 저의 교신자로서 박사님께 편지를 쓰게 돼서 진정으로 기쁩니다. 미네아폴리스 선교부의 해외 선교부에서 했던 박사님의 연설에서 제가 받은 인상을 잊을 수가 없습니다. 저는 앞으로 있을 우리의 서신 왕래를 기쁜 마음으로 고대합니다.

박사님은 서신에서 제 준비에 대해서 언급하셨는데 현재 저는 제가 아는 한 준비를 하느라 바쁘게 지내고 있습니다. 하지만 알려주실 것이 있으면 무엇이든 아주 감사히 듣겠습니다.

안부를 전해드리며
로버트 맥머트리

• 1908년 2월 15일

맹로법
한국 평양
1908년 2월 15일

신학박사 아서 J. 브라운 목사님
뉴욕주, 뉴욕

친애하는 브라운 박사님께

저는 운이 좋게도 크리스마스 이브에 제 때 평양에 도착하여 한국 기독교인들의 크리스마스 행사를 볼 수 있었으며 복음 성가가 사람의 마음에 남길 수 있는 가장 깊은 인상을 받았다고 생각합니다. 1800명에서 2천명에 이르는 성도들이 함께 어울려 총명하고 경건하게 찬송가 "햇빛을 받는 곳마다 주 예수 다스리시고"를 부르는 것을 듣고 저의 피가 혈관을 타고 뜨겁게 흘렀습니다. 저는 스코틀랜드 언덕에서 우리의 선조들이 불렀던 것과 같은 곡조로 한국인들이 찬송가를 부르는 것을 들었고 그것은 보통의 가정환경에서라면 겪지 않았을 감정의 동요를 느끼지 않을 수 없는 한 젊은이를 위로하고 잠이 들게 했습니다.

일 년 정도를 비행기 편으로 한국을 경유해 여행했었던 미국의 한 저명한 교육가가 교회에 다니고 있는 한국인들 중 대다수가 정치적인 동기에서 그렇게 하고 있다고 언급했었던 것을 알고 있습니다.

저는 한 개인이나 대다수의 사람들로부터 거리를 두고 그들의 동기를 확신을 가지고 정확하게 진단할 능력을 기르지 못했습니다. 말이 초속 1.58m의 속도로 가고 있을 때, 말의 나이를 정확하게 이야기할 수는 없습니다. 말이 마구간에 있을 때까지 기다렸다가 할 수만 있다면 말의 치아를 검사하는 것이 더 나을 것입니다. 가정 모임의 경험과 제가 들은 시험을 이 선교본부의 회원이 되려는 모든 자에게 적용해본다면, 그릇된 동기를 지니고 가입을 허락받을 가능성이 이미 이름이 알려진 많은 교회보다 이곳에서 더 적을 것입니다.

만약 베풂이라는 시험을 적용한다면 외국에서 장로교와 견줄만한 교회는 없다는 것을 알고 있습니다. 그들의 이웃들을 이끌어 그리스도에게 데려오려고 노력하는 장로교 성도의 개별적인 활동을 기준으로 장로교회의 목록을 만드십시오. 장로교는 장로교가 형성된 후 6개월 이내에 집단적으로 이러한 외국 선교사들을 파송했습니다. 49명이 각자 복음전도 사역에 열흘을 보내는데 합의하였다는 것을 오늘 방위량(Blair) 선교사가 보고했습니다.

기도하는 교회로서 장로교에 주어진 은혜는 제가 보아 왔거나 들어왔던 것을 넘어섭니다. 한 번 기도함에 있어 5백 명이나 그 이상의 성도들이 한 번에 기도하는 소리를 듣는 것은 쉽게 잊혀질 수 없는 경험입니다.

성경을 공부하는 사람으로서 수일 전 이 지역의 성도 중의 한 명이 언급한 말은 가르칠 수 있는 세 사람에게 주어지는 요구들을 나타내줍니다. "만약 한국말을 할 줄 아는 열 명이 평양에 도착했다면, 그들은 즉시 사역에로 투입될 수 있을 것이고, 그들이 돌볼 수 있는 것들을 하기 위해 더 많이 들을 수 있을 것입니다."

중앙교회에서 최근에 일어난 일은 교회 일원이 되고자 하는 사람들에 대한 진술을 무색하게 만들만큼 영향력이 있습니다. 막 기도를 드리려고 할 때 회중 가운데 한 남자가 일어나서 그를 위해 기도해줄 것을 요청했습니다. 그는 담배를 끊었고, 담배는 그의 신앙생활에 해롭다는 것을 알게 되었습니다. 기도를 드리기 전에, 인도자는 같은 이유로 최근에 담배를 끊은 사람이 있는지 물었고 약 15명 내지 20명이 그렇다고 표시했습니다. 이어서 인도자가 기독교 교리를 지키기 위해 어느 때든지 무언가를 포기한 사람은 손을 들라고 요청했을 때 나의 최선의 판단으로 회중의 75%가 손을 들었습니다. 이런 방식으로 구성원을 청결하게 할 수 있는 정치 정당이 있다면 그 정당은 xxxxx해야 할 것입니다.

목사님에게 보내는 나의 첫 번째 편지는 뭔가 대단한 것에 대해 써야 마땅합니다만 저는 중요하다고 생각한 것을 기록하였고 그것이 흥미가 있으리라고 믿습니다.

진심을 담아 안부를 전해드리며

맹로법

• 1908년 12월 12일

맹로법이 브라운박사에게 보낸 개인 편지

신학박사 브라운 박사님
뉴욕

브라운 박사님께

지난달 평양선교지부 회의에서 박사님께 편지 보내는 것이 제 차례로 정해졌지만 시간이 확정되지 않은 관계로 상황에 밀려 마지막 날까지 편지 쓰는 것을 미루고 말았습니다.

우리 학교에 온 첫 해에, 학당의 산업부(the Academy Industrial Department)에 대한 전적인 책임이 저에게 주어졌는데, 그 일 외에도 공동체에서 기계를 아는 사람으로서 제게 다른 많은 일들이 요구되다 보니 제가 먹고 잠자기에도 시간이 부족했습니다. 하지만 지난 한 해 동안 저는 생애 최고의 해를 보냈다고 생각합니다.

공동체의 구성원과 큰 열정 및 사역의 성공을 위한 하나님 앞에서의 강한 책임감은 평양을 살기에 아주 만족스러운 곳으로 만들어 주었습니다.

한국어 공부, 작업장 감독, 건물 공사로 인해 끝없이 바쁜 편이어서 전혀 없진 않았더라도 한가하게 보낼 시간이 거의 없었습니다. 그러나 달성한 일을 구체적으로 지적하라고 하면 시간을 들인 것에 비하면 적어 보입니다. 하지만 구체적이고 확실한 것으로 여겨지는 줄자나 계량컵으로는 측정할 수 없는 것들이 있습니다. 제가 한 일이 이 선교지부 일원들이 지고 있는 무거운 짐을 어느 정도 덜어주거나 그들이 아주

잘하는 일에 더 많은 시간을 바치는 것을 허용해 주었다면 저는 제 시간이 전적으로 낭비된 것이 아니라고 생각합니다.

비계가 제거되기 전에 찍었던 새로운 신학교 건물의 작은 사진을 동봉합니다. 이 건물을 세우는데 있어서 마펫 박사를 도운 것은 제에게는 큰 기쁨이었습니다. 왜냐면 우리가 이 사람들에게 영국산 무적함대나 미국산 "무서울 게 없는" 전함을 지어준 것보다 더 오래가고 무한히 더 이로운 무언가를 이 사람들에게 제공했다고 확신하기 때문입니다. 하지만 그들이 지금 당하고 있듯이 동방의 이리(gray-wolves)[95]에 의해 우리가 제공한 그것이 침략당하고 찢김을 당할 것이라는 것을 그들이 자각하는 것은 어려운 일입니다.

총독의 계획들이 완성될 때, 이 사람들이 농노의 나라보다는 더 나을 것이라고는 믿지 않습니다. 그러나 세상을 다스릴 권한을 지니신 하나님이 강림하셔서 한국의 현재 분통터지는 상황에서 구해주실 때까지는 우리가 할 일은 주어진 의무에 대한 충성이라는 것을 압니다.

진심을 담아 안부를 전해드리며

로버트 맥머트리

---

95) 일본을 의미하는 것으로 보임

• 1911년 10월 23일

맹로법의 개인 선교보고서

브라운 박사님께

오랜만에 편지를 쓰게 되었네요. 평양의 산업부 라인의 사역이 어떻게 진행되고 있는지 궁금하시겠네요.

제가 미국을 떠났을 때, 저의 관심은 전적으로 사역에 집중하리라고 생각했습니다. 하지만 평양에 도착한 이래로, 저는 제 시간의 일부만을 사역에 투자하고 있습니다.

선교지부는 미국만큼이나 빠르게 발전되고 있다고 하는데, 제 생각에는 계측이 좀 적절하지 못한 부분이 있는 것 같습니다.[96] (하지만 이 나라의 다른 도시 만큼은 아닙니다) 만약 첫 번째 사역을 들자면, 우리가 이곳에서 수행하는 주요 사역은 전적인 관심을 받는 것입니다. 이러한 부차적인 논의는 필수적이지만 부분적으로 참석하고 있습니다. 성직자는 재산세를 면제받게 되어있는데, 그 일이 저에게도 해당되어서 이전에 필요한 비율까지 달성했습니다.

우리 건물의 올해 세금에 대한 가치가 최대치에 도달해 있습니다. 대학 건물과 함께, 여학교 기숙사와 숙소, 대학 기숙사와 함께 산업부(기계창) 건물에 20′X70′ 피트를 추가했고, 제재소를 위한 독립 건물, 반드시 필요한 수리와 교체 등 증가한 작업이 우리의 일상을 다소 분주하게 만들고 있습니다.

---

96) 원문의 masured를 measured로 수정해서 번역함.

내년 여름에 세워질 현장을 선택하고, 건축물 안전 허가를 받는 일, 그리고 세 개의 새로운 숙소를 위한 계약에도 적절한 비용이 필요합니다.

난방 장치와 여학교 기숙사와 숙소, 그리고 편하설(Bernheisel) 씨의 숙소를 위한 배관이 2주 전에 도착했고, 설치비용은 선교부의 300달러로 충당하였습니다. 즉각적인 관심을 요하는 이런 일들은 우리도 좋아서 하는 일은 아니고, 외부의 관심도 받지 못했습니다. 하지만 모른 체하고 무책임하게 내팽개칠 수는 없는 일이겠죠.

작년에는 평균 45명 정도의 소년들이 일했습니다. 여기서 중요한 사실은, 13명의 대학 졸업생들 가운데 9명이 기계창에서 일하면서 졸업하게 되었다는 겁니다. 작년에 데이비스 씨가 보내신 2,000달러의 후원금을 받았을 때, 우리는 즉시 학생들의 전적인 노동에 의존해서 우리 공장에 20′X70′ 피트를 추가할 수 있었고, 낙후된 건물들을 보수하거나 필요한 장비를 설치했습니다.

학교가 개학했던 올 가을에, 우리는 90명 이상의 학생들을 작업부에 수용해서, 모든 대학생들을 위한 수작업 과정을 시작했습니다.

선교부는 추가비용 1만 달러와 1명의 외부 인력에 대한 요청을 지원하기로 약속했지만, 너무 늦게 지원해서 실행되지는 못했습니다.[97] 이를 수행할 사람들은 전에 수작업 훈련을 했거나 선교부의 건물을 해 본 이들이어야 합니다. 건축은 일시적이라는 사실이 관건인데, 그렇지 않는다고 하더라도, 제가 평양에 온 이래로 제 시간의 3/4을 투자하고 있는데, 더 많은 시간을 투자하지 않는다고 하더라도 향후 2년도 마찬가지일 겁니다.

하나님과 선교본부는 이 곳 선교지부에 있는 우리에게 관대하셨고,

---

97) 원문에서 coine은 come으로 수정. having come up too late~.

우리는 미래를 위해 쌓아둔 것들을 인내하며 기다릴 것입니다. 만약 수작업 훈련이 하나님을 영예롭게 하는 일이라면, 하나님은 지체하지 않을 것이라고 저는 믿습니다. 한국인과 외국인 모두 간절히 고대하고 있습니다. 특히 한국인들은 그가 언제 도착하는지 매일 묻고 있습니다. 그런데 Webb 여사의 질병으로 가족이 샌프란시스코에 머물고 있다는 소식을 듣고 모두가 슬퍼했습니다.[98)]

기계창에 새로 추가한 사진을 당신을 위해 분리된 겉표지 아래 동봉합니다. 기회가 된다면 진심으로 감사의 말씀을 전하고 싶습니다. 하지만 박사님께서 분주하다는 것을 잘 알고 있기에 지면으로 대신합니다.

당신의 진실한 벗

로버트 맥머트리 올림

---

98) 원문의 all graived를 grieved로 수정해서 번역함.

• 1912년 9월 12일

맥머트리의 개인보고서

Arthur J. Brown D. D 뉴욕

브라운 박사님께

한국 장로교회의 첫 번째 총회의 사진을 따로 봉투에 넣어 보내드리게 되어서 매우 기쁩니다. 많은 분들이 감옥에 계셔서 전체 과정 동안에 그것에 관한 들었던 내용은 거의 없었지만, 그래도 고귀한 분들의 눈부신 모임이었습니다.

건물 운용으로 인한 스트레스로 저도 그 어떤 소모임에도 참석할 수 없었습니다. 그래서 간접적인 정보를 드리기보다는 사진을 보내드리고, 다른 주제들에 대해서는 서면으로 대신하기로 하겠습니다.

박사님의 지난 번 편지에서 근로자들(선교사역자)을 요청하는 곳이 많지만, 아쉽게도 공급은 제한적이어서, 이차 산업 근로자[99]를 평양에 보내시는 것이 불가능할 것 같다고 말씀하셨던 것 같습니다. 평양은 실제적으로 산업 근로자가 한 명도 없었다는 사실에 주목해주셨으면 합니다. 제가 도착한 후 두 달 동안 실제적인 언어(한국어) 학습 없이 5년간의 제 사역에서 온전히 건물 건축에만 매달려왔습니다.[100] 첫 해 시험에 응시했지만,[101] 저처럼 근로자들 가운데서 선택된 자들은 거의 없다

99) 맥머트리를 보조할 근로 선교사. 또는 이차 산업 근로자(공장)

100) 이 건물은 1912년에 완공된 숭실대학 본관으로 생각된다. 맥머트리는 기계창에서만 일한 것이 아니라 건축과 관련된 일들도 도맡아 한 것으로 보인다.

101) 원문에는 exhamination으로 나오지만 examination의 오자로 보인다.

시피 했습니다.

이번 해에 건축 작업은 전례 없는 활동 가운데 하나였습니다. 작년 건축 작업의 완성과 우리 선교지부에서 지금 12개의 새로운 건물들을 공사하고 이외에도 건축 자재와 다른 선교지부에서 필요한 모든 물품들에 대한 대금 지불과 선적 등으로 인해 분주한 활동을 했습니다. 저의 사역은 매우 다양하고 복잡해서 한국에 온 이래로 여가를 보낸 시간이 거의 하루도 없었다고 말할 수 있습니다. 이 말이 불평일 뿐이라고 잠시라도 생각하시지 않으셨으면 합니다. 그렇다고 나의 사역과 동료들이 덜 행복했던 것은 결코 아닙니다. 저는 다만 선교부의 교육 사업에서 중요한 역할을 담당할 정도의 산업 작업을 책임질 한 사람을 평양 지역 선교지부에까지 이르도록 요청할 필요가 있음을 강조하고 있을 뿐입니다.

교회의 교역자들과 Keil 목사님은 시설을 우리 학교(숭실 중학)를 졸업하는 학생들이 이전의 게으르고 미적지근한 구습으로 돌아가기보다는 적극적인 생계 활동을 위한 사업을 학습할 수 있는 시설의 운영을 시작해야 한다고 반복적으로 요청하셨습니다. 제가 판단하기에는 우리 사역에서 이 사람들(평양 현지인들)을 위해서 이보다 더 위대한 요청은 없다고 생각합니다.

작년 자조부에서 100여 명의 학생들을 담당했고, 우리 (숭실)대학 학생들에게 손으로 하는 작업(공작)을 가르치는 것 외에도 기회가 되는 대로 수행하였습니다. 올해에는 교육 과정에 기계 제도(Mechanical Drawing)를 추가해서, 모두 일주일에 11시간의 수업을 받게 됩니다. 제가 할 수 있는 것은 이 편지에서 드러난 내용 이상입니다.

현재 우리의 산업부는 심각한 문제가 생겼는데, 일리노이주 락 아일랜드의 데이비스 씨가 저를 파송하는데 동의했을 때, 저에게는 특별한 사역이 될 것으로 생각했지만, 상황은 마치 병든 나뭇잎처럼 비정상적 정부의 상황, 정규 휴가를 가지고 복음 사역을 하기 위해 언어를 공부했던 모든 사람들을 위한 커다란 요구는 모든 가능한 사람에 대한 요구를 필요로 하고, 거절은 불가능한 상황이 발생했습니다. 그래서 저는 가끔 데이비스 씨가 세운 공장들에 대해 여전히 관심을 가지고 계신지에 대해 궁금합니다. 이 시점에서 이런 언급을 하는 이유는 얼마 전에 제가 그에게 공장과 필요사항들, 그리고 작업을 수행하기 위한 추가 기금 요청에 관해서 기록했지만, 현재까지 아무 소식이 없기 때문입니다. 가까운 장래에 안도할 여유가 없다면, 우리는 엄청난 스트레스를 받을 겁니다.

사역의 회계보고가 전달될 때 우리의 슬픈 바람들은 차분히 응답될 것으로 믿습니다.

선교지부에서 개최하는 연말 모임에 참가하려고 합니다. 저의 물건들을 기다리고 있습니다.

당신의 진실한 벗

로버트 맥머트리 올림

• 1912년~1913년 - 도착 1913년 12월 17일

1912년 9월 맥머트리의 개인 선교보고서[102)]

작년에는 다른 지방에서와 마찬가지로 다소 틀에 박힌 듯한 일들을 하며 보냈습니다. 달라진 것이 있다면, 더욱 신속하면서도 더 오래 지속되어야 할 일들을 수행하고 있다는 점입니다.

대학에서의 저의 사역은 기계 제도(Mechanical Drawing)와 수작업(Manual Work), 작업부서에서 100여 명 이상이나 되는 학생들의 일상을 보살피고 감독하는 것, 그리고 필립(Phillips)[103)], 스미스(Smith)[104)], 그리고 홀드크로프트(Holdcroft)[105)]의 집과, 신학교 기숙사, 여자성경학교 기숙사, 대학 기숙사를 돌보는 일을 감독하는데 있어 큰 몫을 하고, 대부분의 자산을 수리하는 것에 대한 감독과 이외에도 건물 자재 구입과 다른 선교지부에서 건축될 건물에 대한 조언에도 적잖은 시간과 마음을 쏟고 있습니다. 선교지부의 일상 업무를 수행하기 위하여 향상된 적용을 통한 (기계)설비와 유지[106)]에 전체 시간을 할애하고 있습니다.

---

102) 왼쪽 상단에는 1912년 10월로 표기되어 있고, 오른쪽 상단에는 Filing Dept.는 1913년 10월 8일로 표기되어 있다.

103) Charles L. Philips 의 한국명은 필립보(弼立甫)이다. 1910년 내한하여 평양에서 선교하다가 1911년 연화동교회 초대 목사로 부임했다.

104) 한국에서 일본인을 위한 선교활동을 하던 헤론 스미스(Frank Herron Smith)를 가리키는 듯하다. 그는 일제의 한국식민통치를 옹호하는 글을 『The Japan Advertiser』에 연재하자 스코필드 목사가 「한국 : 프랭크 헤론 스미스 목사에 대한 답변」 이라는 제목으로 『The Japan Advertiser』에 기고하여 헤론 스미스의 글을 강력히 비난했던 일이 있다.

105) James Gorden Holdcroft 는 한국명이 허대전이다. 1909년 12월15일 부인과 함께 한국에 왔다. 전국주일학교연합회를 조직하여 상임총무로 1932년까지 봉사하였다.

106) maintenance(유지, 보수)의 오자가 아닌가 추측됨.

하지만 지난 일 년을 돌이켜보면, 다소 실패한 부분이 있었음을 인정하게 됩니다. 사역 첫 해에 다소 실패를 경험했는데, 왜냐하면 첫 번째로 보는 언어(한국어) 시험에 더 많은 시간을 투자하기에는 역부족이었기 때문입니다. 하루 10시간에서 15시간을 기계창과 건물 건축에 집중하다 보니, 선배들과 그 동료들과 비슷한 언어 수준에는 도달하지 못했다고 스스로를 정당화시켜 봅니다.

한 해가 지나갔고, 사역의 성공과 실패는 모두 하나님의 손길 안에 있다는 것을 확신하는 마음으로, 이 글을 남깁니다.

• 1913년~1914년

기계창에 대한 보고서

시간이 지날수록 점점 더 기계창이 그렇지 않았더라면 무지한 상태로 머물러 있었을 수많은 기독 청소년들을 훈련시킬 수 있었다는 점에서, 우리의 교육 사역의 일부로서 기계창의 유용성과 중요성을 더욱 인식하게(?)[107] 됩니다.

작년 한 해 동안 174명의 소년들은 숭실 중학과 대학에 재학하는 동안 학비의 전체 혹은 일부를 벌수 있는 기회를 얻었습니다. 이들 두 기관에서 지낸[108] 이후로 학업에서의 유용성에 대해서는 의문의 여지가 없습니다만, 우리의 돌봄 아래에서 지내는 동안, 그들이 배운 가장 유익한 점은 훈련된 두뇌와 숙련된 손기술을 가지게 될 때 그들이 도달하게 될 가능성을 자각하게 되었던 것이라고 주저 없이 말할 수 있습니다.

첫 해에 많은 사람들과 두 개의 부서에서 좀 언짢은 일이 있었습니다. 바로 도와주리라 기대했던 기관이 급여가 이미 제공된 데 대하여 노동에 대한 온전한 가치[109]를 요구하는지 이해가 안 됩니다.

한국인을 주의 깊게 관찰해온 사람으로서, 저는 한국인들이 단일 민족의 명맥을 지켜온 수백 년의 세월 동안, 희생을 감내하려는 사람들에게 지나치게 의존하려고 한다는 사실에 다소 걱정이 앞섭니다.

선교사의 특징 중 하나는 항상 자신의 일에 대해 이야기하는 것입니

107) 원문에는 Dr. Brown. 도장에 가려 무슨 글자인지 알 수 없지만, 문장 내용으로 보면 이런 내용인 듯 보인다.
108) 원문에는 persue로 보이지만, 이런 단어는 없으므로 pursue가 아닌가 생각된다.
109) 또는 급여가 제공된 만큼 하자 없이 온전하게 작업이 완료된 상태를 요구하는지.

다. 저는 기계창에 대해 우리 선교지부뿐 아니라 선교사들 전체 멤버들과 상의해왔고, 우리가 진행하여 왔던 방식 그대로 그리고 예외 없이 손으로 하는 훈련을 계속해야 하는 타당성, 그리고 가능하다면 상업학교(Trade School)를 추진하는 것에 대해 의견을 나누었습니다.

우리 선교지부에서 급속도로 증가하고 있는 학생수를 통해 강조된 것처럼, 손으로 하는 작업 교육을 위해 잘 갖추어진 시설이 확실히 보증되어야 한다는 사실이 점점 더 명백해지고 있습니다. 그러한 교육은 선택된 교육 가운데서 취해질 수 있으며, 주요한 교육 중 하나로 요구된 항목이 될 것입니다.

그러한 제안을 하는 근거는 다음과 같습니다. 앞으로는 우리 학생들(숭실중) 중 소수의 학생들만 대학에 진학할 것입니다. 가르침을 받은 다수의 학생들이 학교를 떠나겠지만, 생산계급에 자리 잡는 경우는 거의 없을 것입니다. 결과적으로 다른 이들이 생산한 것에 의존하면서 살아갈 수밖에 없을 것입니다.

국가들 가운데 당연히 최고로 간주되는 유대인들은 법률 교육과 무역을 가장 고유한 책무라고 생각합니다. 최근 우리나라는 교육방법을 급진적으로 개혁했고, 비일상적 전문가를 위하여 대다수의 삶에 지장을 주기 보다는 단과대학에 진학하지 않는 95%에 적합한 공부로 전환되고 있습니다.

특히 위스콘신 대학과 미시간 대학과 같은 큰 주립 대학은 고등학교 이상으로 진학하지 않으려고 하는 학생들에 대한 성공 덕분에 세계적인 칭송과 칭찬을 받아오고 있습니다.

우리는 사람들과 연관된 우리 정부의 교육 정책에 지대한 영향을 준 이러한 기관들이 최근 양 대륙에서 영역을 획득했다고 믿습니다. 상업학교들이 미개한 사람들의 발전을 도모하기 위한 급선무로 여겨졌기 때문에 우선적으로 강조되었습니다.

174명의 학생들의 급료로 거의 3,000엔을 지급했습니다. 설비로 운영되는 사업 총액은 15,000엔을 초과했습니다. 설비는 이윤을 받지 않기 때문에, 우리의 회계 장부에 나타나지 않는 사업의 가치는 1,000엔 정도인데, 총액에는 100엔을 포함하지 않았습니다.

여러 해 동안 작업해야 할 부분으로 여자성경학교[110] 기숙사와 침실과 세탁실에 대한 계약을 체결하였습니다. 그리고 대학 기숙사의 한 부분도 맡았습니다. 현지 계약자로부터 우리가 확증할 수 있던 것보다 더 좋은 건물들을 세웠던 우리의 계약 가격을 검토해보았습니다. 새로운 한국식 벽난로가 디자인되었고, 더 경제적이라고 증명된 건물을 지었습니다. 이 건물들은 한국인들이 지은 것보다 더 위생적이고 만족스러운 벽돌 바닥으로 완성되었습니다. 우리는 그들에게 기숙사 건물을 염두에 둘 것을 추천했습니다. 이들 건물 이외에도 우리는 여자성경학교의 네 개의 교실 앞 돌출현관의 건축을 감독하였습니다. 평양신학교 기숙사의 가장 중요한 부분과 옥외 변소들, 여러 주택의 페인트칠 공사, 수백 피트[111]의 담장 건축, 가구 500점 이상의 제작, 100여명의 학생 돌보기, 대학에서의 한 주에 6시간 기계제도 가르치기, 이외에도 수많은 다른 일들에 시간을 할애하고 있지만, 보고서에 언급할 가치가 없는 것들입니다.

기록된 바와 같이 한 해가 지나갔지만, 우리가 성취하고 싶었던 많은 일들은 여전히 미래에 진행될 사역의 일부이며, 우리가 믿고 의지하는 하나님께서 당신의 영광을 위해 우리를 인도하시기를 바랍니다.

---

110) 숭의여학교로 생각된다.
111) 〈네이버 국어사전〉 야드 파운드법에 의한 길이의 단위. 1feet는 1yard의 3분의 1, 1인치의 열두 배로 약 30.48cm에 해당한다. 기호는 ft.

• 1918년 8월 15일

조선 평양

J.G. Brown
뉴욕

친애하는 브라운 박사님께

브라운 박사님께서 보내주신 사진을 받고는 정말로 감격스러웠습니다. 감동과 진정한 우정의 상징으로, 사진의 뒷면에 종이를 덧대어서 탁자에 올려두었지요. 진심으로 감사드립니다.

그런데 혹시 지난번 저의 메모의 요지를 어떻게 잊으셨어요? 제가 말씀 드린 내용이 명확하지 않았던가요? 혹시 칭찬이 아니라 형식적인 답장으로 제게 사진을 보내셨나요? 어떤 이유건 간에 사진 속에 제가 담겨있으니, 정말 소중하게 느껴지고 사진을 보내신 의미를 이해하려고 노력하고 있답니다.

여러 해 동안 선교본부와 선교회 사이의 의견차가 눈에 띄게 확대되고 있다는 것이 선교회의 평신도 회원들에게 더욱 더 명확해졌고, 화해와 조정을 유도하기 위한 노력이 결실을 맺지 못하고 있는 것 같습니다. 방대한 양의 서신과 사실들, 그리고 법률과 판례의 인용들은 의견의 차이를 해결하지 못할 것입니다.[112)]

근래에 의견을 제시했던 선교부의 한 회원은 양자의 갈등을 위한 유

112) 선교회 평신도 멤버들과 선교회 사이의 갈등 또는 미국의 선교위원회와 평양 선교지부 사이의 견해 차이 두 가지 해석.

일하고 가능한 해결안은 선교회의 분과를 분리 독립시키는 것이라고 대답했습니다. 이것은 극단적인 상황을 위한 해결책이 될 수는 있겠습니다. 하지만 강제로 결정되지는 않을 것으로 믿고 기도하고 있습니다. 저의 의견이 반드시 반영되기를 바랍니다.

우리는 다소 슬픈 마음으로 현재의 어려움을 극복해 나갈 방법을 찾기 위해서 시간을 보내고 있습니다. 미래가 우리를 위해 무엇을 보장해 줄 것인가를 생각하고 있습니다. 거듭 말씀드린 것처럼, 많은 사람들이 도움이 되는 요인은 선교위원회와 선교회 사이의 인간적 배려가 부족하기 때문이라는 사실을 인정했습니다.

8년 동안 봉사하다가 휴가를 떠난 사람이 자신의 상관에게 안부를 전하게 된다면 정말 운이 좋은 것입니다. 그러다가 상관이 10-20년 사이의 기간에 그 지방을 방문하기도 하는데, 그렇게 되면 그는 가장 행복한 시기를 간섭받게 되어서 다소 긴장하게 됩니다. 놀라운 사실은 그들 자신도 나중에는 그런 역할을 한다는 것입니다.

스냅사진을 보내 드린 것은 박사님을 한국에 초대하려는 의도입니다. 한국의 배경이 담긴 사진은 다음 번에 촬영해서 보내드리겠습니다. 다음 연말 모임에 꼭 참석해 주시길 바랍니다. 옷가지들을 챙겨 오셔서 쉬시다가 가십시오. 오셔서 서로가 놓쳤던 교차점을 찾도록 하십시오. 꼭 오셔야 합니다. 전쟁은 염려하지 마십시오. 하나님께서 다스리십니다.

당신의 진실한 벗

로버트 맥머트리 올림

• 1932년~1933년

맹로법의 개인보고서

칠십이거나, 건강하다면 팔십이라도 그 강함은 수고와 슬픔뿐이라는 성경 저자가 기록한 바와 같이, 만약 나에게 남은 해를 헤아린다면, 아직 살아갈 날이 18년이나 남아 있습니다.

선교부의 규칙에 따라서 지난 4월 4일부로 장로교 해외 선교부의 조선 선교부와의 나의 연관은 자동적으로 해지되었습니다.

하나님께서 나로 하여금 한국에서 사역하도록 허락하신 25년은 정말로 행복한 시간이었습니다. 그 기간은 사실 바쁘고 분주하였지만 그 시간들을 되돌아보면, 정말 분주한 것처럼 보이지만 그만큼 더 행복한 시간이었습니다.

이제 나의 봉사기간이 끝나, 인구가 엄청나게 불어난 거대 도시의 시민이 되었습니다. 하지만 이곳의 거주민이 되기 위해서는 끊임없이 고된 일에 대한 계획과 실행이 끝난 것에 대한 보상, 책임, 그리고 관심을 갖게 됩니다. 그리고 저는 이제 더 많은 일에 대한 소망을 품고 착수할 시간을 갖고자 합니다. 그 시간은 옳은 일을 할 시간이며, 더 정중하게 되는 시간이며, 어린이들과의 우정을 쌓기 위해서 더 인내하고 최선을 다할 시간이 될 것입니다.

기계창은 올해 새롭게 보고할 내용이나 흥미로울만한 것은 없습니다. 그러나 작년에는 수많은 학생들이 그들에게 지불한 것과 우리의 사업을 통해 얻은 수익을 통해 이전 그 어느 해보다도 더 많은 수의 학생들이 기계창을 통해 도움을 받았다는 사실을 말씀드릴 수 있겠습니다.

5,000엔 이상이 우리 학생들에게 지급되었으며, 우리 사업의 총액은 4만 엔을 넘어섰습니다.

우리가 하는 작업의 다양성을 열거하려고 할 때, 우리가 선교부와 선교지에 봉사하는 수고를 능가할 만큼 우리 작업의 다양함을 신중하게 절충해서 말씀드릴 수 있을 것입니다.

아마도 이것이 마지막 보고서가 될 듯합니다. 저에 대한 그의 선하심과 내가 속한 선교부의 한결같은 인내와 베풀어주신 호의에 대해서 하나님께 진심으로 감사드립니다.

5,000엔 이상이 우리 학생들에게 지급되었으며, 우리 사업의 총액은 4만엔을 넘어섰습니다.

우리가 하는 작업의 다양성을 열거하려고 할 때, 우리가 선교부와 선교지에 봉사하는 수고를 능가할 만큼 우리 작업의 다양함을 신중하게 절충해서 말씀드릴 수 있을 것입니다.

아마도 이것이 마지막 보고서가 될 듯합니다. 저에 대한 그의 선하심과 내가 속한 선교부의 한결같은 인내와 베풀어주신 호의에 대해서 하나님께 진심으로 감사드립니다.

• 1914년~1915년

숭실학교 교장, 베어드의 연례보고서

1914년 4월 1일부터 1915년 3월 1일에 이르기까지 총 129명의 학생들이, 그리고 7월과 8월의 여름 두 달을 포함하지 않으면, 평균 103명의 학생들이 기계창의 도움을 받았습니다. 맥머트리 씨와 길리스(Gillis) 씨[113]가 예산을 맡았고 이 부서에서 학생들의 유익을 위해 다방면으로 책임을 지고 있었습니다. 어떻게 작업을 해야 하는지 모르는 학생들은 일할 수 있도록 가르침을 받았고, 그들 중 대다수가 상당한 기술을 획득하게 되었습니다.

총 19명의 대학생과 110명의 중학생이 일했습니다. 한 해 동안 지불된 총액은 2,646.77엔이며 학생 각자에게 도움을 주도록 지불된 평균 액수는 일한 시간에 따라서 한 달에 대략 2엔 정도 되었습니다.

작업은 5개의 부분으로 진행되었는데, 목공, 납땜작업, 인쇄, 농장작업 그리고 기타 잡일 등입니다.

관리자가 작업이 더욱 세분화되고 전문화될 수 있도록 산업을 개발하는 것은 매우 바람직합니다. 각 학생은 그가 흥미를 갖고 자부심을 가질 수 있는 작업에서 자신만의 작업을 가져야 했습니다. 다른 부서들은 자급자족이 되지만, 작업은 수지가 맞지 않습니다. 처음 와서 어떤 것을 하려고 기다릴 때, 숙련되지 않는 학생이 할 수 있는 작업의

---

113) 길리스 (Ansel W. Gillis, 한국명 길리서 吉理書) 목사는 예일출신으로 숭실 기계창에서 활동하였고 1919년 사임하고 귀국하였다가 로스엔젤레스에 살고 있었는데 이승만의 요청으로 하와이 한인기독학원 교장을 맡았다. 그는 일찍이 이승만이 배재학당 시절에 한국어를 가르쳐 주고 영어를 배웠던 여성 의료 선교사 화이팅 (Georgiana Whiting)의 사위였다.

형태는 가구를 만드는 것이 유용하였습니다. 하지만 가구 제작은 학생들에게 성과금을 제공하지도, 부서에 이윤을 제공하지도 않았습니다. 전공은 반드시 개발되어야 합니다. 모든 학생은 선택권이 있었고, 자신의 선택에 따라 기술과 향상을 도모해야 했습니다. 급료의 등급이 설정되어야 하고, 학생들은 능률과 충실도 등에 따라 급료를 받거나 승진되어야 합니다. 일을 잘 하는 학생들은 보상을 받아야 하고, 서투르게 일하는 학생들은 벌칙 규정에 따라 처벌되어야 하며, 최악의 경우에는 해고되어야 합니다.[114)]

학생들은 지속적인 훈련과 감독하에 있어야 합니다. 이러한 훈련과 감독이 없다면, 초보 일군들은 작업을 할 수도, 만족할 정도로 발전할 수도 없을 것입니다. 충실한 학생들은 날씨에 상관없이 지속적이고 정규적인 작업을 해야 합니다. 감독자는 충실한 학생들이 정규 작업을 꾸준히 실행할 수 있도록 미리 충분한 작업을 계획해 놓아야 합니다. 감독자나 감독하에 있는 자나 누구든 학생들의 작업에 대한 감시를 꾸준히 해야 합니다. 작업반장들은 다른 작업종류의 특수한 부류들을 맡을 수 있도록 상급 작업자들을 훈련시키기 위해 발전되어야 하며, 별도의 수당을 받아야 합니다. 각 학생의 작업 성격에 대한 매일 장부도 충실하게 유지되어야 합니다. 이러한 지속적인 감독과 매일 장부에 기초하여 학교에서 학생에 대한 추천(신용)이 이루어질 수 있게 될 것입니다.

---

114) dismissal. 단순히 작업에서 해고되는 것을 의미하는지, 아니면 이로 인해 학교에서 퇴학당하는 것을 의미하는지는 모호하다. 문맥상의 의미로 볼 때 작업장에서 해고되는 것을 의미하는 것 같다. 하지만 등록금과 생활비가 없거나 부족해서 기계창에서 근로하는 학생이 이곳에서 더 이상 일하지 못하는 것은 학교를 그만둘 수밖에 없는 상황에 처하는 상황과 직결된다. 이로 보건대, 학생들 중 나태하거나 작업을 잘못하여 학교에 큰 피해를 준 경우가 있었거나 앞으로 발생할 상황을 염두에 두고 이러한 강한 조치를 취하려고 하는 것으로 추측된다.

• 1916년~1917년

숭실학교의 교장, 라이너의 연례보고서

자조부(Self Help Department)

자조부는 내가 이미 언급했듯이 올 해 동안 많은 일들을 맡아서 진행하였으며, 이제는 이전에 알지도 못했던 많은 종류의 작업을 할 만큼 안정을 찾았습니다. 나는 식량보다도 노동의 교육적인 면을 고양시키기 위해 꾸준히 노력하여 왔습니다. 학생들은 이러한 요구에 응답하고 있습니다. 학생들은 일을 하는 방법에 대한 지식이 그들이 할 수 없는 일에 쓸데없는 에너지를 낭비하는 것보다 훨씬 중요하다는 사실을 깨달아 알고 있습니다. 대학 과정의 15명 이외에도 중학 과정의 75명이 이곳에서 길거나 짧은 기간 동안 도움을 받았습니다. 결국 우리의 "씨뿌리는" 과정들은 강력하게 진행되고 있으며, 실제로 도움을 필요로 하는 학생들을 돕고 있다고 우리는 믿습니다.

그들 역시 상당히 숙련된 친구들입니다. 그들 가운데 일부는 우리가 훈련시킬 여력이 없었습니다.

몇 년 전에, 일리노이주, 락 아일랜드의 데이비스는 이러한 일에 있어서 우리의 가장 큰 은인이었습니다. 매해 1,000달러의 기부는 사역에 대한 커다란 확신을 주었습니다. 저는 데이비스가 이곳 생산품들을 직접 접촉하기를 바라고 있습니다. 그리고 그가 한국에 이러한 기금을 투자한 것에 대해 결코 후회하지 않을 것이라고 확신합니다. 학생들에게 데이비스는 무명의 독지가이지만, 언젠가는 그의 존재를 흠모할 만큼 기뻐하게 될 것입니다.

재정문제

현재 재정은 선교부의 담당자에게는 "문 앞의 늑대"와 같습니다. 늑대는 올해 우리의 문에 더욱 가까이 온 상태입니다. 우리가 학교운영을 유지하기 위해 800엔을 빌려야 하고, 연말 부족분은 466엔입니다. 이 기관의 회계담당자는 반드시 수단이 좋은 사람이어야 했습니다. 조선에서의 교육 사업을 진행한 8년은 재정을 해결해야 하는 한 가지 문제로 마치 8년 동안 꾼 악몽과 같았습니다.

한 해 동안 회계를 담당한 모의리의 보고서에 서명을 했습니다.

평양 선교지부는 그에게 커다란 도움을 받았을 뿐만 아니라, 학교시설 개선을 위해 개인 돈 100엔을 받았습니다.

우리는 한 해 동안 선교부로부터 2,751.32엔을 받았고, 부족분은 466.55엔입니다.

이 부족분은 내년으로 이월될 것입니다.

• 1920년

숭실중학에 대한 모의리(E. M. Mowry)의 보고서

봄 학기 동안

학생들은 기계창에서 일감이 주어졌고, 이 외에도 30명의 학생들이 다른 곳에 고용되었습니다.

기숙사 시설이 제한되어 있어서, 많은 학생들을 수용할 수는 없었습니다.

더 나은 기숙사를 마련하기 위해 노력 중이고, 선교지부 한 분의 약정 기부로 벽돌 기숙사는 이번 여름에 수리될 예정입니다.

• 1922년~1923년

평양 숭실중학에 대한 마펫의 보고서

기계창은 재정적으로 여유로운 한 해를 보내었고, 많은 학생들에게 가장 도움이 되는 일거리를 제공하였습니다. 오전에 모든 학생들이 고용되도록 학습 시간 계획의 변경이 어렵게 되었습니다. 그래서 고용 가능한 학생의 숫자를 감축하게 되었습니다. 급료를 받아 생계를 유지하기 위해서 일을 해야만 하는 많은 학생들에게는 유감스러운 일입니다. 이들 가운데는 최고의 인재들이 많습니다. 특히 목회자 자녀를 위한 장학금이 필요합니다.

류소(Lutz)는 지금 농업부 개발을 준비하고 있어서 설비를 위한 재정이 필요합니다. 학생자조부를 위한 건물과 작은 양호실이 반드시 필요합니다.

전례 없는 기회를 잘 활용하기 위해서, 학교가 발전할 수 있도록 특별 공급과 적절한 재정을 위해서 이사회와 교회에 강력히 호소합니다.

• 1922년

평양선교지부 보고서

기계창

대학이나 중학을 통해 자신의 생계를 유지할 수 있는 도움을 학생들에게 제공하게 된 점을 고려해보면, 올해 기계창은 매우 성공적인 한 해를 보냈다고 생각합니다. 올해 평균 20명의 대학생과 40명의 중학생들은 학교에서 자신의 일을 하게 되었습니다. 그들 가운데 일부는 목공일을, 일부는 대장장이 일을 감당하고 다른 학생들은 일반적인 작업을 담당하였습니다. 작년 여름, 기계창은 감리교 고등공립학교(the Methodist Higher Common School)에서 주문한 가구를 제작했습니다. 올해 여름, 새로운 신학교 건물과 여학교의 연주회 건물에서 사용할 많은 가구를 생산해내고 있습니다. 이번 봄 이전에는 결코 일해보지 못했던 여러 학생들은 만약 그들이 일하지 못했다면 학교를 시작하지도 학교에 있지도 못했을 것이라고 말했습니다. 그리고 그들 중 일부는 그들이 운동경기 영역의 한 부분, 즉 상당히 어려운 부분에서 등급을 받게 되었을 때, 그들이 말한 것이 실제로 무엇을 의미하는지를 보여주는 기회로 주어졌습니다. 다수의 학생들은 일자리에 대한 약속을 보장받을 수 없거나 일자리를 갖지 못했기 때문에 어쩔 수 없이 학교를 그만 둘 수밖에 없어서, 대학이나 중학교에 진학할 수 없었습니다. 기계창은 교육 프로그램 가운데 가장 도움이 되는 부서 가운데 하나입니다.

농장

류소(Lutz)씨는 올 해 대부분의 시간을 언어를 배우며 보내고 있지만, 미래를 위한 업무를 위한 계획들을 수립하고 있습니다. 기독농민회(the Christian Farmer Constituency)에 도움을 줄 수 있는 많은 기회가 있습니다. 앞으로 양계장과 축산, 그리고 과수원을 운영할 계획입니다. 모든 일이 시작 단계여서, 몇 년간 운영에 상당히 많은 재정이 필요합니다.

• 1923년

평양선교지부 보고서

산업(Industrial Work)

기계창은 처음으로 한 해의 시작과 마지막이 (재정적으로) 균형 잡힌 한 해를 마감한 매우 성공적인 한 해를 보냈습니다. 류소(Lutz)씨는 농장을 아직 시작하지는 않았지만, 선교부 사업에 추가되게 될 때를 우리는 고대하고 있습니다.

• 1924년 8월 22일

방위량(W. N. Blair)의 보고서

맹로법씨는 현재 휴가 기간이며, 평양 선교지부에 대한 개인 보고서는 우리 선교지부에서 16년 동안 생활해온 장소에 대한 적절한 언급은 없었지만 모두 완벽했습니다.[115)]

맹로법씨는 해마다 50명에서 100명에 이르는 학생들의 직업 훈련을 시키고, 학생들이 학교에서 목공일이나 다른 부서에서 일하면서 자립할 수 있도록 도움을 준 기계창의 총책임자였습니다. 16년 동안 그가 휴가를 가기 전까지는 우리가 미처 깨닫지 못할 만큼, 그는 선교지부의 자산을 돌보는 일과 여러 방면에서 많은 사람들을 도왔습니다. 평양에 있는 22개의 가정과 12개의 기관에서 물탱크가 터지거나 수도꼭지가 새거나, 혹은 난방 설비가 작동하지 않으면, 장로교인이나 감리교인이나 상관없이, 가장 먼저 하는 일은 맹로법에게 사람을 보내는 것입니다. 그는 항상 선교지부의 자산 위원회(Station's Property Commitee)에서 자리를 지키고 있었는데, 그가 부임한 이후 총책임자로서 선교지부에서 설립한 건물들을 관리하고 있었습니다.

맹로법은 일리노이주의 락 아일랜드, 브로드웨이 장로교회의 교인이었습니다. 그는 평양 선교지부의 친구이자 후원자인 Davis의 후원을 받았는데, 데이비스는 이길함 목사의 유년 시절 친구였습니다. 데이비스 부부는 기계창을 후원했습니다. 2년 전에 맥머트리를 위해서 지어

115) 평양 선교지부에서 생활한 현지 사정은 무척 열악했다는 의미나 그러한 열악한 환경에 대한 불평이나 원망이 없이 맡은 바 책임을 다했다는 의미로 보인다.

진 아름다운 작은 집은 데이비스씨의 선물이었습니다. 선교지부는 데이비스와 그의 형이 최근 우리 사역을 도운 일에 대해 매우 감사해 하고 있습니다.

만약 젊은이가 한국에 와서 봉사할 충분한 기회를 발견하는 것이 흘러 보내는 것으로 생각한다면, 대학의 세 젊은 선교사와 그들의 아내가 하고 있는 일에 대해 짧게 언급하는 것만으로도 그러한 선입견을 바로잡을 수 있습니다.

해밀턴(Floyd E. Hamilton)은 대학에서 성경반을 운영하면서 기독교 철학을 강조하였습니다. 2년 동안 그는 기계창의 회계 담당자로 일했고, 4월부터는 숭실대학과 숭실중학의 회계 담당자로 일하고 있습니다.

• 1925년~1926년

평양 선교지부 보고서

기계창은 분주하지만 성공적인 한 해를 보냈습니다. 1,200여개의 세부 작업으로 분주했고, 약 25,000엔의 거래량이 생산되어 안정적인 이윤을 확보하였다는 점에서 성공적이었습니다. 이 부서에서 새로운 계획을 시도하기로 연초에 결정되었습니다.

이 계획은 학생들이 한 해 동안 학교를 떠나 일을 하면서 생계를 유지할 수 있는 충분한 급료와 연말 150엔의 보너스를 받게 하고, 숭실중학이나 대학에서 그에게 신용을 유지해줌으로서 그의 평생에 상점을 갖게 하는 것입니다. 그리하여 도움을 받은 학생들의 태도는 이미 변화되었습니다. 학생들은 그들의 일에 더 많은 흥미를 보이며 부지런히 일했습니다. 이번 계획에 일하는 학생들은 12명으로 월급과 보너스를 포함해서 한 해에 3,500엔입니다.

• 1928년~1929년

평양선교지부 보고서

The Anna Davis Industrial Shops
기계창

작년은 본 부서에 행운이 있었습니다. 선교지부 사업에서 산업 부분의 많이 일들을 진행하였습니다. 전일제로만 학생들을 고용하기로 한 3, 4년 전의 계획이 실행되었습니다. 학생들은 일 년간 학업을 중단하고 온전히 업무에만 매달렸습니다. 그들은 매달 8엔이나 9엔 정도를 선교지부에 지불하였고, 약 150엔이 상급학교 진학을 위해서 대학이나 중학교에 예치금으로 적립되었습니다. 1년간 19명의 학생들이 이 부서(기계창)에서 일하였고, 약 5,000엔이 상급학교 진학을 위해 학교로 예치되었습니다. 올해 총 사업 수입은 35,000엔에 이릅니다. 더불어 4명의 학생들은 정규직으로 고용되었습니다. 한 해 동안 여름용 학생복으로 사용할 중학교 학생들의 옷을 짜기로 추진되었고, 올봄에 두 대의 전기 방직 기계를 들여와서 의복 제작을 시작하였습니다.

근로 학생들을 위한 기숙사가 작년 가을에 완공되었습니다. 이는 이전에는 어디서든지 숙박할 장소를 찾아야만 했던 근로 학생들에게는 축복으로 보여집니다. 이 건물은 미래형 기숙사의 모형이라고 볼 수 있습니다.

이 부서에서 실행된 작업은 목공, 철공, 배관(연관), 가구의 고리버들 세공, 직조, 재단과 이외 여러 사소한 작업 등으로 매우 다양합니다.

The Anna Davis Industrial Shops
기계창

작년에 관한 류소(Lutz)의 개인 보고서는 흥미로 가득 찼습니다. 지난 몇 년 동안 더 많은 선한 일들이 시작되어 왔는데, 이는 교회의 농부들을 위한 좋은 재정적 결과를 도출하였으며, 더 나아가 비기독교 공동체에까지 이릅니다. 사업의 가장 두드러진 점은 농민들로부터 깊은 신뢰와 높은 존경을 받았던 루츠와 한 명의 한국인 조사에 의해 관여한 다른 지역의 농민 기관들인데, 토양을 시험하고, 녹색 거름(비료)를 위하 콩과 식물 재배를 강조하였습니다. 토양 시험은 초기에 있었지만, 한 해 동안 400개 이상의 샘플이 테스트되었고, 콩과 식물을 재배되도록 권유하였습니다. 지방의 다른 지역에 11개의 기관들이 시도되었고, 각 기관은 30에서 1,000명이 참석하였습니다. 농민들은 이러한 도움에 강한 열정을 보여주었습니다. 하나의 사례는 기관의 한 곳에 100마일을 걸어서 30개의 토양 샘플을 시행하기도 하였습니다. 이러한 회의는 농민들에게 그들의 미래 농업을 위한 새로운 희망을 제공하였습니다. 한 해 동안 몇몇 기회들은 상호간의 도움이 될 정부의 농업 종사자들과의 협력의 길을 열어주었습니다.

작업의 또 다른 면은 가정용 캔을 만드는 기계로 채소를 캔으로 만드는 것, 양봉, 씨리얼 공장, 낙농의 개발, 농업 잡지 등입니다. 오트로 만드는 작업(The rolled oats work)은 올해 작년만큼 더 진전되지는 않았습니다만, 59명의 농민들에 의해 생산된 귀리는 구매되었으며 약 10,000엔의 수입을 가져다주었습니다.

• 1929년~1930년

평양 선교지부 보고서

Anna Davis Industrial Shops
기계창

올해 선교지부의 산업(Industrial Work)은 그곳의 근로자들[116]과 학생들이 기계창에서 수행했습니다. 작업량이 많고 일의 종류도 다양하였음에도, 한국인과 외국인 공동체의 소비자들에게 별 불만 없이 순조롭게 진행되었습니다. 기계창에서 1년을 근무한 일부 학생들은 (숭실)중학교에서 학업과 영성, 그리고 신실한 기독교인으로서 최고의 학생들이었습니다. 현재 일을 하고 있는 학생들이 그러하고, 이전에 기계창에서 일했던 많은 학생들은 중학교의 여러 수업에 열심이었습니다.

선교지부의 농업관련 사업도 크게 발전했습니다. YMCA와 다른 선교부와의 연합으로, 모든 장로교와 한국 지역에서 선발된 37명의 학생들을 위한 농업학교가 1개월 농업 단기 과정을 숭실대학에서 개최되었습니다. 토양 테스트 작업은 농부들이 토양 샘플을 지역에서 이곳으로 보내오는 방식으로 진행되었습니다. 이렇게 하면 지역으로 직접 가지 않고도 농민들을 가르치는 좋은 방법이 됩니다. 대학에서 농과 허가의 취득은 미래 사역을 위해 엄청난 기회를 여는 계기가 되었습니다. 으깬 귀리와 여러 곡물, 그리고 과일과 야채 통조림을 생산하는 실제적인 계획은 작년 수확량의 두 배를 목표로 지난해부터 계속 진행되고 있습니다. 이 계획을 위해서 가공되지 않은 원료를 공급하기 위해 근교 농장

116) 근로자들이란 풀타임으로 일하는 학생들을 의미하는 것 같다..

들의 일부는 가동되고 있으며, '자기 방식만 고집하는' 농부가 전혀 설득되지 않았던 농사법을 실제적으로 증명하는 기회를 제공하고 있습니다. 바위 언덕과 배수로의 풀이 연료로서보다는 더 많은 모직과 의복을 생산하는데 가치가 있다는 사실을 증명하기 위해서, 55마리의 람브이에(Rambouilett)종의 양을 키운 것이 가장 최근의 모험이었습니다. 새로운 낙농 건물이 건설되고 있으며, 숭실대학을 졸업하고 대구 계성학교에서 10년간 교직 생활을 한 한국인이 책임을 맡게 될 것입니다.

Anna Davis Industrial Shops for the year ending 1930-1931 회계출납부 (p.56) by McMustrie

1년 전 라이너씨가 사업이 꾸준히 발전하고 있음을 보여주는 몇 가지 비교를 하였습니다. 당시 시설에 대해 조사하여 가치평가가 이루어졌습니다.

올해에는 시설물에 대한 가치 평가를 하지 않았고, 아무 것도 구입하지도 않았습니다. 그래서 실제로 시설의 가치는 작년과 동일합니다. 다음은 시설과는 별도로 사업 조건을 비교한 것입니다.

1929.12.31. * 화폐단위는 엔화임

재고정리자산의 재고	8,104.64
수취 어음(받을 어음)	6,548.42
수중에 있는 현금	2,280.29
합계	**16,933.35**

1930.12.31. * 화폐단위는 엔화임

재고정리자산의 재고	6,923.00
수취 어음(받을 어음)	13,497.67
수중에 있는 현금	1,549.68

소계	21,975.35
지불 가능한 현금	1,418.81
합계	**20,555,54**

이것은 작년 보다 나은 3,623.19엔이라는 것을 보여주지만 이는 데이비스 씨가 2,000엔 후원한 총액이며, 그리하여 1,623.19의 균형이 되지만 이는 이윤이 아닙니다. 한 해 동안 설비의 손상이 총액의 감소를 가져왔는데 약 100.00엔의 대변 잔고를 남겼습니다.

다음의 회계 요약본은 한 해 동안의 사업을 보여줍니다.

수입	이월금	2,280.29
	받은 대금	42,218.53
	데이비스의 후원	2,000.00
	농업 임대수익	1,046.22
	이자	200.70
	소계	**47,745.74**

지출	주문	43,797.29
	사무기기	36.53
	서무	100.00
	농업 임대비	1,700.00
	이자	503.69
	적립	19.95
	학생들에 대한 특별지급	38.55
	예비비	1,549.68
	소계	**47,745.74**

평양과 같은 넓은 선교지에서 사역하면서, 기계창과 같은 산업에 익숙한 사람은 그의 사역에 대해 상세하게 기술하는 것이 불가능함을 깨달을 수밖에 없습니다. 왜냐하면 우리는 산부인과 병원 설비부터 무덤을 파고 비석을 세우는 것까지 삶의 시작부터 마지막까지 모든 것을

제작하도록 요청받기 때문입니다. 우리는 약방의 감초인 듯합니다. "팔방미인은 문제될 것 없다고 말합니다." 불평이 없고 의심이 없는 것은 우리의 고객들의 인내와 선함이기 때문임을 우리는 주목하고 기쁘게 생각합니다.

다른 사업과 마찬가지로 선교지부 사업의 성공과 실패는 재정 상황에 따라 좌우됨에 틀림이 없습니다만 우리는 일 년 동안 우리와 함께 일했던 소년들을 최고의 학생으로 만들었다고 숭실대학과 숭실중학의 교장으로부터 듣는 것은 우리의 기쁨입니다.

재정담당자의 회계 보고서를 동봉합니다.

로버트 맥머트리

• 1931년~1932년

1931-1932년 평양선교지부 연례보고서 (번하이슬)

Anna Davis Industrial Shops
기계창

이 기관은 역사상 최고의 해 가운데 한 해였다고 보고합니다. 선교지부의 모든 물질적인 필요를 위한 일반보급소 역할을 하고 있습니다. 수도꼭지를 수선하거나 커피포트의 구멍을 때우는 것부터 거주할 주택을 계약하고 세우는 일들에 이르기까지 모든 일을 하고 있습니다.

맥머트리 씨는 70세가 되어 더 젊은 사람에게 사역을 맡기고 떠날 계획을 세우고 있습니다. 맥머트리씨가 안 계시면 선교지부가 어떻게 살아가게 될지 걱정인데, 혹시 폐업하게 될 지도 모르겠습니다.

Agricultural Department
농과

정부는 (숭실)대학의 농과를 승인하게 되어 이 과정이 새로 추가됨으로 대학에 생동감이 돕니다. 학생들은 농장에서 실제적인 실험적 작업을 하고 있습니다. 비육돈 돼지를 기르고, 도살하여 햄과 베이컨으로 건조처리하고, 낙농장을 운영하고 있습니다. 정부와 다른 고위 관료들은 대학생들이 일하고 있는 것을 시찰하면서 깊은 인상을 받았습니다. 이로 인해 관료는 맥큔 교장에게 학교장 회의에서 "교육을 실제적으로 만들기"라는 주제로 연설하도록 요청하였습니다. 10명의 학생들은 이 일을 하면서 그들 생활비의 전부 또는 일부를 벌 수 있도록 하였습니다.

통조림 공장이 운영되어 2,200개의 과일과 채소의 통조림이 작년에 생산되었습니다. 귀리와 다른 곡물이 생산되어 시장에서 팔렸습니다.

루츠 씨는 시골의 여러 지역에 있는 농부들의 기관을 세우면서 많은 시간을 돕고 있습니다. 8년 전에 그의 첫 번째 기관을 세웠고, 과일 재배에 관한 가르치고 있습니다. 올봄에 한 목사가 찾아 와서 첫 번째 학급은 아직도 잘 유지되고 있고, 교회는 그로 인해 많은 복을 받았다고 말했습니다.

• 1932년~1933년

평양선교지부 연례보고서

맥머트리 씨의 은퇴

선교지부에서는 올해 또 다른 한 분이 규칙에 따라 은퇴하였습니다. 70세 생일을 맞아 로버트 맥머트리 씨가 4월 4일 선교지부의 정규 회원으로 자동 은퇴하였습니다. 그는 1907년 12월 한국에 와서, 이 선교지부(평양)의 산업 사역의 책임을 온전히 맡아왔습니다.

그는 기계창의 관리자로서 25년간 강력한 지도력을 발휘하여 한국의 젊은이들에게 깊은 인상을 남겼는데, 그는 한국인 선교에서 상당한 성과를 내었고, 한국 교회의 리더 위치에 있는데, 학교에서 자신의 생활비를 마련하면서 그를 통해 노동의 소중함을 배웠습니다. 하지만 그의 영향력은 한국의 젊은이들에 국한되지 않았고 평양 외국 학교에 참석할 특권을 가진 선교사들의 자녀들에게까지도 깊은 감동과 영향을 주었습니다.

이러한 사실을 인식한 이 학교의 학생들은 학교 이사회에 1931년에 신축된 체육관의 이름을 '로버트 맥머트리 체육관'으로 명명하기를 간청했습니다. 비록 그는 공식적으로 은퇴했지만, 후계자가 선교위원회에 의해 결정되기까지는, 그가 시작했던 사역을 선교지부에서 이어갈 수 있는 유일한 사람이었기 때문에, 그는 이전과 마찬가지로 여전히 적극적으로 일하고 있습니다.

• 1932년 6월 18일

맥큔 교장의 평양 숭실중학 연례보고서

우리는 기계창의 책임자로서 800명이나 되는 졸업생들을 훈련시키는 데 지대한 공헌을 해왔던 맥머트리의 공헌에 대해 치하하고자 합니다. 신실한 사랑의 마음을 소유한 그의 엄격한 스코틀랜드식의 훈련은 학생들을 최고의 인재로 만드는 계기가 되었습니다. 많은 학생들은 맥머트리가 지도한 인성 훈련이 자신들의 삶에 지대한 영향을 주었다고 이야기했습니다. 그는 정말 따라가기 어려울 만큼 비범한 인물이었고, 우리는 모두 하나님께서 맥머트리의 정신을 지니고 그가 수행했던 작업을 계승할 사람을 속히 보내주시도록 소망하며 기도하고 있습니다.

조만간 나는 맥머트리와 모우리에 대한 읽을 가치가 있는 책을 기술하려 합니다. 그들은 매일, 여름, 겨울, 봄, 가을, 눈이 오나 비가 오나 꾸준히 일하였으며, 하나님께서 섬김에로 부르신 이들 선교사들을 보는 이들 가난한 한국인들을 위해서 항상 열심히 사역하신 점에서 학생, 교사 그리고 한국인 모두가 인정하는 대들보 같은 인물입니다.

• 1933년~1934년

평양선교지부 연례보고서

기계창(Anna Davis industrial Shops)

기계창(Anna Davis industrial Shops)에서 25년 동안 맥머트리 씨가 수행했던 사역은 그가 공식적으로는 은퇴하였음에도 불구하고 여전히 지속되고 있습니다. 여기에서 매년 25명에서 30명의 소년들이 1년 동안 전일제로 일하는 것으로 상점들(shops)[117]과 계약을 체결합니다. 이에 대한 답례로 상점은 일하는 해 동안 그들의 생활비를 제공하고 이후 4년 동안 그들의 수업료와 부수비용을 지불할 거의 충분한 총액을 그들이 들어갈 학교에 예치합니다. 이 계획은 수년 동안 실행되었고 도움을 받은 소년들에게 결정적인 성공이며 엄청난 혜택이었음이 증명되었습니다. 상점은 대학에 클레임을 제기하지 않았지만(make no claim) 시계들과 이를 제외하고는(except watches and teeth) 그곳에서 모든 것을 만들거나 수리할 수 있었습니다. 상점들이 한국의 젊은이들에게 한 선한 일은 어느 누구도 생각하지 못했던 것입니다. 우리는 맥머트리씨가 미래에 받으실 보상은 매우 영광스러울 것이라 믿습니다.

농업(Agricultural Work)

실제 농업을 배우는 3년 과정의 대학교의 농과 외에도, 다양한 농업

117) 상점은 기계창을 의미한다. 원문에는 shops로 나와 있기에 기계창으로 하지 않고 상점으로 표기한다.

프로젝트와 실험이 전시(demonstration)로서 그리고 지역적이면서도 시골에서는 전시사업(extension work)으로서 수행되었습니다. 학생들은 다양한 프로젝트를 도우면서 그리고 전시사업을 도우면서, '실천을 통한 배움'을 얻었습니다. 전시 봉사(extension service)는 농부들에게도 유익이 될 뿐만 아니라, 학생들에게도 커다란 도움이 되었습니다. 그들은 배움에 더 큰 흥미를 가지고, 다른 사람들을 가르친 후에는 좀 더 이타적인 존재로 변하게 되었습니다.

대학교와 선교지부 연합 프로젝트는 경지 15에이커(acre)의 시설과 산양 목장 10에이커, 그리고 300마리의 흰색 레그혼종 닭과 거위 7마리, 오리 5마리, 칠면조 2마리, 돼지(비육돈) 15마리, 소 24마리, 염소 7마리, 양 60마리, 토끼 300마리, 벌집 15통을 보살필 건물과 캔 공장과 곡물 공장을 소유하고 있습니다.

• 1933년

평양 선교지부 보고서

기계창

저희는 다음 두 가지를 기관의 존재 목표로 삼고 있습니다. 첫째, 교육받기에 어려움을 겪는 학생들의 필요를 충족시키려 합니다. 이곳에서 일함으로써, 산업계열(industrial lines)의 목공, 단조작업(black smithing), 페인트칠하기 등의 헤아릴 수 없을 만큼 귀한 훈련을 학생들에게 제공합니다. 둘째, 모든 종류의 자산의 수리와 새로운 건물을 세우고, 물이 새는 수도꼭지를 수리하고, 커피 주전자의 구멍을 납땜질하는 등등 영구적으로(ad infinitum) 선교지부의 모든 필요들을 경감시키기 위해서입니다.

로버트 맥머트리는 이곳에서 25년 동안 수석 책임자(the chief magician)로서 있었고, 이미 언급한 것처럼, 그는 이제 은퇴하여 고향으로 가려고 합니다. 그리고 수년 동안 그의 첫 번째 조력자로 계셨던 윤 장로(elder Youn)는 총괄 책임자가 되셨습니다. 이 작업장들(these shops)은 선교지부 기계가 정연하게 작동할 수 있도록 다섯 번째 기계장비(fifth wheel)를 구비하고 있습니다.

Lula Wells Institute

이 기관은 다양한 이유로 오랫동안 입학하지 못한 일부 여성에게 교육의 기회를 제공하도록 돕는 기관입니다. 또한 학교는 이 산업부를 통해서 집이 없거나 적당한 보호처가 없는 여성들이 생활비를 벌고, 성경을 배우고 다른 과목들의 가르침을 받을 수 있도록 도움을 줍니다. 도리스(Doriss) 양은 "Lula Wells Institute에서 한 해 동안 상당히 많은 시간을 보냈는데, 자신에게 커다란 기쁨을 가져다주는 원천이 되었다고 말했습니다. 산업부는 25명의 젊은 여성을 고용하였습니다. 올해는 처음으로 기관에서 실제 테스트를 받아 인증을 획득하게 되었는데, 1분기는 총 30명이었고, 2분기는 42명이었으며, 3분기는 59명이었습니다. 4분기로 나누어 진행한 작업이 정말로 적절했습니다."라고 말했습니다.[118)]

118) 평양선교지부 연례보고서 1921년 보고서.

• 1922년

평양 선교지부 보고서

The Lula Wells Institute

지난해 동안 이곳에서의 작업은 3분기로 나뉘어 진행되었습니다. 이 기관의 목적은 그들이 어렸을 때 교육의 특권을 얻지 못했던 특정의 어린 소녀들에게 초등 교육을 제공하는 것입니다. 결과적으로 이를 받아들인 대부분의 여성들은 과부이거나 어려서 결혼한 여인 또는 적합한 집을 갖지 못한 이들입니다. 지난해 동안 각 분기마다 평균 50명의 등록자수를 가졌습니다. 조금의 개인적 선물을 제외하고, 이곳의 작업은 스스로 공급하고 있습니다. 지난해에 2,000엔이 학교에 교부되었고, 이를 통하여 미래에 더 나은 작업이 가능한 건물에 어느 정도 향상이 이루어질 수 있었습니다.

작업부는 다른 원조 수단이 없는 일부 학생을 위한 수행되었고, 약 15명의 여성이 그들의 생활비의 전부나 일부를 벌 수 있었습니다. 작년 한 해 동안 4명의 교사들이 고용되었습니다.

• 1925년~1926년

평양 선교지부 보고서

산업부(Industrial Department, The Women's Academy, 숭의학교)

산업부(Industrial Department)는 학교의 33명의 학생을 위한 일자리를 제공함으로써 유용한 경력을 지속시키고, 그들의 학업을 가능하게 하고 있습니다. 이곳에서 생산된 대부분의 자수품은 팔기 위해 미국으로 보내는데, 버거만(Bergman) 양이 새로운 시장을 분주하게 찾고 있습니다. 올해 봄에 최고로 뛰어난 학생 중 한 명이 졸업했는데, 우리의 여성 학교(신명여학교)의 보조교사가 되어 대구로 갔습니다. 그리하여 우리는 교육으로 돈을 벌 수 있게 여성들을 가치 있게 만들 뿐 아니라 교사 배출도 시작하게 되었습니다.

Lula Wells Institute

1925-26년 동안, Lula Wells Institute는 50명의 젊은 여성과 소녀들을 완전하게 등록(입학)하여 수행하였습니다. 이들은 버림받은 아내들, 젊은 과부들, 무기력한 고아들, 그리고 목사와 조사의 교육받지 못한 아내들로서 그들의 사역으로 남편을 도울 수 있기를 열망하는 이들입니다. 이 학교의 존재는 지방으로 두루 퍼져서, 더 많은 이들이 입학하기를 원하고 있습니다.

• 1928년~1929년

평양 선교지부 보고서

Lula Wells Institute

Lula Wells Institute는 도움을 요청하는 여성반 가운데서 축복이 되고 있습니다. 한 해 동안 안동, 강계, 함흥, 대구, 선천 그리고 재령에서 많은 이들이 왔습니다. 강의동(recitation building)이 꼭 필요한데 이제는 가능할 것처럼 보입니다. 이 장로회는 여성반을 위해 했던 선한 일, 즉 이 기관이 추구하던 것을 인식하여 내년에는 100엔을 올리기로 약속하였고, 선교 예산을 요청하기로 하였습니다.

이러한 여성반을 위한 구제 사역은 이 기관에서 일했던 많은 이들에게 기쁨이 되었고, 일을 수행할 수단에 있어 기회가 제한되었다는 증거가 됩니다.

• 1931년~1932년

평양선교지부 연례보고서 (편하설)

숭의학교(Girl's Academy)

자조부는 재정적 위축을 느끼고 있습니다. 미국과 이곳에서의 판매가 부진하여 여학생들의 평소 숫자의 절반만이 고용되어 그들 대다수는 평소 작업량의 절반 이하로 일하고 있습니다.

Lula Wells Institute

이 학교는 젊어서 결혼한 여성들과 어린 시절에 교육의 혜택을 누리지 못했던 이들의 필요를 보살피는데 있어서 또 다른 성공적 한 해였습니다. 5년간의 교육이 진행되었지만 교장인 도리스(Doriss) 양의 부담이 너무 커서 상급 3년 과정은 중단하고 하급 2년 과정만 가르치기로 결정하게 되었습니다. 이러한 결정은 학생 대다수를 포함하고 과정을 필요로 하는 학생들에 대한 2년간의 교육은 아직도 제공되고 있습니다. 재학생수는 108명입니다.

자료 원본

〈편지1 1907년 10월 14일〉

Korea

Robt. The Mission[?]

156

RECEIVED
OCT 17 1907
Dr. Brown.

Superior, Wis.
Oct. 14/07

Dr. A. J. Brown
New York, N.Y.

My dear Sir
I heartily thank you and the other members of your Board for counting me worthy of serving you in Pyeng Yang. I hope that we both have been led by divine wisdom, in making the application, and the granting of it.

I am pleased indeed to address you as my correspondent, though I never have had the pleasure of a formal introduction I haven't forgotten the impression your address on Foreign Missions at the Minneapolis Assembly made upon me. I shall look forward with pleasure to our future exchanges.

In your letter you make mention of my Outfit. at present I am busy

Sent by Reap.

1

making up such, so far as I know how, but a set of instructions from you would be very acceptable.

Yours Sincerely

Robt. McMurtrie

2

자료 원본

〈편지2 1908년 2월 15일〉

2 copies 4th

Pyeng Yang. Korea. McMurtrie.

Feb. 15th 1908

28

RECEIVED
MAR 7 1908
Dr. Brown

Rev. Arthur J. Brown. D.D.
New York, N.Y.

Dear Dr. Brown.

It was my good fortune to arrive in Pyeng Yang Christmas eve. just in time to see the Korean Christmas Exercises. and to receive I think the most profound impression of the power of the gospel over the hearts of men. To hear from eighteen-hundred to two-thousand men joining intelligently and reverently in singing the hymn "Jesus shall reign where'er the sun" sent the blood coursing through my veins. To hear the Koreans sing a hymn to the same tune our forefathers used on the Scottish hillsides and that crooned me to sleep when a youngster cannot help but stir ones emotions in a way that ordinary home circumstances will not do.

I understand that a prominent educator in the U.S. who made a flying trip through Korea. within a year, has made statements to the effect that a large percentage of the Koreans who are joining the churches are doing so from political motives.

I haven't acquired the ability to stand at a distance from an individual or a large number of individuals and accurately diagnose his or their motives for certain acts. You can't tell the age of a horse precisely when he is going at a 1.58 pace; it is better to wait until he is in the stable and if you know how, examine his teeth. From experience in a session at home and the test which I'm told is put to every applicant for membership at this station, there is a less likelyhood of admission from wrong motives here than in many churches of established reputation.

If you apply the test of liberality I know of no church in the foreign field her equal. Last her by the individual activity of her membership in their efforts to bring their neighbors to Christ; and collectively as a church she sent out three foreign missionaries within six months after Presbytery was formed. Today Mr Blair reported that forty-nine persons have signed to spend ten days each in evangelistic work.

The grace given her as a praying church surpasses anything I ever saw or heard of. To hear five-hundred or more men, praying at once, is not soon forgotten.

As a Bible studying people, a remark made by one of the members of this station a few days ago indicates the demands made on those who are able to teach. "If ten men equipped with the language arrived in Pyeng Yang they could be immediately put to work and have more to do than they could possibly attend to."

An incident which occurred recently in the Central Church goes a long way to disqualify any such statement as to the motives of these people in seeking church membership. As prayer was about to be offered, a man in the audience arose and asked that prayer be made for him; that he had given up tobacco as he found it to be injurious to his christian life. Before offering prayer the Leader asked if any others had recently given up tobacco for the same reason. About fifteen or twenty signified. Then he asked all who had at any time given up smoking for Christian principle to put up their hands, and to the best of my judgment seventy-five percent of that audience put up their hands. Any political party that can clean up its membership in that way ought to be encouraged.

Possibly my first letter to you should have been about something else, but I put down what was uppermost and trust that it may be of some interest.

Yours Very Sincerely

Robt. McMurtrie

4

자료 원본

〈편지3 1908년 12월 12일〉

Pyeng Yang, Korea.

Rev. A. J. Brown D.D.
New York.

RECEIVED
DEC 18 1908
Dr. Brown

Dear Dr. Brown

At our last monthly Station meeting it became my turn to write you but as no time was specified circumstances has delayed me to the last day.

At the begining of our school year I was given full charge of the Academy Industrial Department, that added to the many other calls that come to the mechanical man of the community leave scarce time for eating and sleeping. But of all the past years of life I think the one just passed has been the best.

The personnel of the community, the degree of enthusiasm, and deep sense of responsibility under God for the success of the work make Pyeng Yang a most desirable place of residence.

Though somewhat indefinately busy with language study, shop supervision, and

5

building erection there has been little if any idle time. yet if asked to point out some specific work accomplished it might appear small if viewed from the point of time consumed. However there are some things which cannot be measured by either tapeline or graduated glass that may be regarded as specific and concrete. If the work done has to some degree relieved the heavy burden which the members of this station are carrying or allowed them more time to the work which they are so capable of doing I feel that my time has not been wholly wasted.

I am enclosing a small photo of the new Theological Seminary Building which was taken before the scaffolding was removed. Assisting Dr. Moffett in putting up this building has been a great pleasure for I believe we have given this people something that will be more lasting and infinitly more benificial than if we had built them a British Dreadnought or even an American "Skeered o' nothing" battleship. but it is difficult for them to realize it being harassed and torn by the gray wolves of the Orient as they are.

When the plans of the Governor of Nations are completed I do not believe but that they will be more than a nation of serfs. However, faithfulness to assigned duties is our concern until He whose right it is to reign shall come and relieve Korea of her present galling condition

Yours Very Sincerely

Robt McMurtrie

7

자료 원본

〈편지4 1911년 10월 23일〉

Pyeng Yang, Korea.
Oct. 23/11

Rev. A. J. Brown D.D.
New York

Dear Dr Brown

Not having written to you for a long time I've been thinking it might be of interest to you to know what we are doing along industrial lines here in Pyeng Yang.

When I left the United States my understanding was that my attention would be largely if not altogether given to that work - but since my arrival to the present I have been able to give but a small fraction of my time to it.

A Station that is so rapidly devellopeing as ours and in my judment inadequately manned (but not more so than some other Stations in Korea) if the major work, the first work for which we are here is to receive its full attention then these side issues must of necessity be but partially attended to.

2

In order that the clerical men might be relieved of the detail of property responsibility it was assigned to me and has now grown to such proportion as to require more than one mans time.

Our building operations this year has been such as to tax our strength to the limit. With the College building, Womans Academy dormitory and residence, College Dormitories, a 20x70 foot addition to our Industrial Department building and a seperate building for our Saw Mill and the repairs and alterations necessary for our increasing work makes our lives busy ones. Also the preparation of plans, the selecting of sites, securing of building permits and letting of contracts for the three new residences to be built next summer has called for considerable expenditure of energy.

The heating apparatus and plumbing for the Womans Academy Dormitory and Residence And Mr Bernheisel's

3

residence arrived about two weeks ago and am busy installing it at a saving to the Board of $300. So with these matters calling for immediate attention our industrial work has not been cared for as well as we would like to; however we have not let it drop entirely out of sight.

During the past year we had an average of forty-five boys, and by the way let me here state a significant fact that out of the thirteen graduates from our College, nine were made possible by the work department. When we received Mr S.S. Davis's gift of $2500. last year we immediately started a 20'x 70' addition to our plant, built almost entirely by student labor, improved our old building and put in some more equipment.

This fall when school opened we admitted over ninety boys to the department and have started a course in manual training for all the College students

4

Our Station has passed a motion asking for an additional $1000 and an other man, but it did not pass the mission it having come up too late. To us who are endeavoring to carry on this work if it is to amount to anything another man must be put in to it who will take the technical part of the Manual Training or the Building work of the Station. It might be argued that the building work is only temporary, not so. the building work of this station has occupied three fourths of my time since I came to Pyeng Yang the next two years will be equally so if not more.

God and our Board has been generous to us in this Station and we will wait patiently to see what the future has in store for us. If Manual Training will glorify Him I'm sure he will not withhold it.

Both the Koreans and foreigners having been looking forward to Dr. Lee's return, especially the Koreans. A great number of them have been daily asking when he would arrive, but we were all greived to hear that the family was detained in San Francisco thru the illness of Mrs Webb.

I'm mailing you under seperate cover for your property

files a photo of the new Addition to the
Anna Davis Industrial Department

If you should have an opportunity I will be very grateful indeed if but for a short letter for I know your time is full

Yours Very Sincerely
Robt. M. Guthrie

자료 원본

〈편지5 1912년 9월 12일〉

OCT 1 0 1912

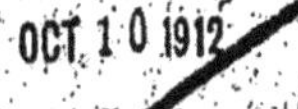

Pyeng Yang, Korea. Sept. 12/12

FILING DEPT. OCT 8 1913

Rev. Arthur J. Brown D.D.
New York, N. Y.

Dear Dr Brown

It gives me great pleasure to send you under seperate cover a picture of the first General Assembly of the Korean Presbyterian Church. It was a splendid gathering of noble men tho many of those who would have taken part in it were in jail, little if anything was said about it during the whole proceedings

Thru stress of building operations Iwas not able to attend any of its sessions, so rather than give you second hand infor mation Ill be content to send you the photo and talk about another matter.

In your last letter to me you seemed to infer that it would be impossible to send a second Industrial man to Pyeng Yang when there are so many other places calling for such men and the supply so limited. May Idraw your attention to the fact that Pyeng Yang practically has not had an industrial worker. Two months after my arrival Istarted building and that has been almost exclusively my work for five years with practically no language study. I have taken the first year exhamination but what little I have it was picked up among the workmen.

This yearsbuilding work has been one of unprecedented activity, with the completion of last year's construction work and the twelve new buildings which are now going up in our station besides the purchase of and shipping of building material and all kinds of supplies for other stations. Mywork has been such and so crowded that I can safely saythat I havent had a days recreation since coming to Korea; but you are not to think for a moment that this is a complaint ,far from it, ~~I am~~ never was I happier with my work and associates I am only trying to emphasize the necessity for thr request that has gone up to the Mission from Pyeng Yang Station for a man who will be responsible for the industrial work which is such an important factor in the educational work of the station.

The church officers and pastor Keil have repeatedly requestedthat we start a plant that would enable the boys who graduate from our Academy to learn some trade by whichto make a living rather than go back to their old indolent and questionable methods. There is'nt in my judgment a greater needin our work for this people than this.

Last year I had about one hundred boys in our self help department, carried on in a catch as catch can method besides teachingm manual training to our college students. This year we addMechanical Drawing to our coriculum, this both these studies call for eleven hours per week, just how I can do it is more than I can figure out at this writing.

At present our industrial work has this serious aspect, when Mr Davis of Rock Island, Ill. agreed to send me out it was with the understanding that that would be my special work but the situation was such with sick leaves, unusual Govermental conditions, the great demand for every man that had the l languageto do evangelastic work with the regular furloughsm made such a demand on every available man that to refuse was impossible but such a situation has now arisen that I sometimes wonder whether he will continue his interest in the plant which he built. My reason for mentioning it at this time is that some time ago I wrote him telling him about the plant and its needs and soliciting further funds to carry on the work but up to the present have not heard from him, unless we get relief in the near future we will be hard pressed.

Trusting that when the Mission sanual buget reaches you our plaint will receive a patient hearing.

The Station is up attending Anual Meeting I m staying by the stuff.

Yours Very Sincerely

R. McMurtrie

자료 원본

〈편지6 1912~1913년〉

Robt. Mc Murtrie

RECEIVED
DEC 17 1913

Noted but
not copied

FILING DEPT.
MAY 18 1914

Dr. Brown.

PERSONAL REPORT 1912-13 21-6

The past year has passed filled somewhat with the same routine work as the previous ones. The only noticeable difference was that to carry on the work assigned it was necessary to work faster and longer.

My work in the College teaching Mechanical Drawing and Manual Work, the daily care and oversight of over one-hundred boys in the Work Department, a large share in the superintending construction of the Phillips, Smith and Holdcroft houses, the Seminary dormitory, the Womans Bible Institute dormitory, and the College dormitory, and almost the entire oversight of Property repair, besides no small part of my time and thought is given to the purchasing of building material and advising with those who may be building in other stations. These things with the installation and maintainance of improved appliances for carrying on the general work of the Station fully fills ones time.

However looking back over the past year I cannot but thatx a certain amount of failure enters into it because so far I have not been able to take more than my first year language examination, but when one puts in from ten to fifteen hours a day in either the shops or building erection it may be some justification for not attaining to that which ranks one as an equal among his fellows, (a Senior.

The year has gone and whether success or failure is to mark the record I have this assurance that His presence was in it all.

Robt. McMurtrie

자료 원본

〈편지7 1913년~1914년〉

RECEIVED
OCT 9 1914

FILING DEP
FEB 6 1915

ANNA DAVIS INDUSTRIAL DEPARTMENT REPORT 1913-14
~~Including Mr.McMurtrie's Personal~~ Report

More and more as the years go by the Anna Davis Industrial Department is demonstrating its usefulness and importance as a part of our educational work,making possible the training of a large number of christian boys who would otherwise have to remain in ignorance.

During the past year 174 boys availed themselves of the opportunity to earn all or part of their school expense while attending the academy and college. While I have no intention to call in question the usefulness of the studies in after life which they persue in these two institutions, I do not hesitate to state that the most beneficial thing they have learned while under our care was to realize the possibilitiesthat lie within their reach when the not only have a trained head but a trained hand.

With many of them the first year ~~is~~ or two in the Department is gall and bitterness , it is incomprehensible to them why an institution that is supposed to help should demand full value in labor for the wages given.

As one who has carefully watched the Korean I fear the hundreds of years which he has lived as a vasal nation has made him perfectly willing to lean heavy on whoever may be willing to bear his weight.

One of the charecteristics of a Missionarry is that he is always talking about his job. I have been talking shop not only with the members of our station but thruout the Mission as to the advisability of continuing our work along the same line as we have been doing and without exception Manual Training and if at all possible a Trade School is recommended.

In our Station it is growing more evident from our own local conditions emphasized by the rapidly increasing number of students that a well equiped plant for the teaching of Manual Training be secured. That that study be ~~tak~~ taken from ~~the electives~~ among the elective studies and be placed on the requ required list as one of the major ones.

The reason for making such a suggestion ~~may~~ be stated as follows. That in the future a smaller percentage of our academy students will enter college ~~That~~ On leaving school many of them have learned but little that will place them among the producing class, consequently must remain dependent on what can be made by handling the product of others. (go betweens)

The Jew who may be justly considered as the aristocrat among the nations regards the teaching of the law and a trade to his children as his most solemn obligation. Our own country in recent years has completely revolutionized its educational methods,changed its studies to suit the 95% who would never enter college rather than cripplefor life such a large majority for the sake of an occassional specialist.

The great State Universities especially of Wisconsin and Michigan have received their mead of world praise and commendation because of their success in reaching the student who will not go beyond the High School period

We believe that these institutions to a very great extent influnced our Goverment's educational policy in relation to the peoples in its recently aquired Territories on both continents. There the Trade Schools are put to the front,emphasized because relatively considered they are of first importance in the development of a primitive people.

Among the 174 students we distributed almost ¥ 3000.00 in wages.

The total amount of business handled by the plant exceeds ¥ 15000.00 this amount does not include hundreds if not thousands of yen worth of business done which does not appear on our books for which the plant receives no profit.

As part of the years work we contracted for the building of the new Womans Bible Institute Dormitory, Bath Room and Laundry. Also one section of the college Dormitory. Tho we ran over our contract price we built better buildings than could have been secured from native Contractors. New Korean fire-places have been designed and built which have proven much more economical. These buildings have been fitted with brick floors which are more sanitory and satisfactorythan these put in by the Koreans. We commend them to any who may be considering the building of dormitories. Besides these buildings we superintended the construction of four porches on the Class Room Building of the Wmns. Bible Institute. The most part of the Seminary Dormitory and Out-houses, the painting of several houses, the building of hundreds of feet of wall, themaking of over 500 pieces of furniture, the care of over 100 boys, ~~the~~ Teaching Mechanical Drawing~~six~~ six periods a week in the college, besides many other things that take up ones time but is not worth mentioning in a report.

The year has gone to its record, many things that we hoped to accomplish are still part of the work of the future, hoping that He whom we trusted in the past will lead us in such a way as to glorify himself.

자료 원본

〈편지8 1918년 8월 15일〉

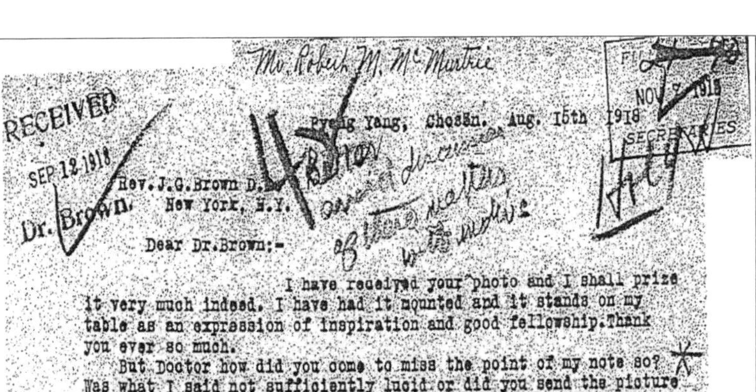

Mr. Robert M. McMurtrie

RECEIVED SEP 12 1918

Pyeng Yang, Chosen. Aug. 15th 1918

Rev. J.G.Brown D.D.
New York, N.Y.

Dear Dr.Brown:-

I have received your photo and I shall prize it very much indeed. I have had it mounted and it stands on my table as an expression of inspiration and good fellowship. Thank you ever so much.

But Doctor how did you come to miss the point of my note so? Was what I said not sufficiently lucid or did you send the picture as a very complimentary but evasive reply? Whichever way it happened I am in a photo I shall cherish and I'll make another effort to make myself understood.

For several years it has been growing more and more evident to a lay member of the Mission that there is an ever widening divergence of opinion between the Board and the Mission and that the efforts made to reconcile and adjust do not appear to be getting anywhere. A voluminous correspondence arraying facts and citing of law and precedent will not settle the difference.

A member of the Mission to whom recently a suggestion was made as to adjustment replied that the only possible settlement that can be made is for a section of the Mission to secede. That might be a solution to an extreme xxxx situation but I trust and pray that we will not be forced to make such a decision, ~~and I only mention it to emphasize my request.~~

~~Among ourselves~~ With sad hearts we go over the situation trying to find a way out of the present predicament, wondering what the future holds for us, and as we have talked it over many have given assent that very largely the contributing factor has been the lack of the human touch between the Board and the Mission.

One goes home on furlough with an accumulation of eight years burdens and if he gets to say hello to his Secretary he is in luck. Then again the Secretary visits the field at intervals of from ten to twenty years and when he does come he is so pressed for time that he only touches the high spots. The surprising part of it is that things go as well as they do.

What I had in mind when I sent the snap shot picture was that you would accept it as an invitation to come to Korea, that I might take a later one with a Korean background. Come and be with us at our next annual meeting. Come and bring your old clothes and stay awhile. Come and let us try to find the crossroad where we missed each other. COME. Never mind the war, God reigns.

Yours very sincerely

Robt. McMurtrie

자료 원본

〈편지9 1932년~1933년〉

DR. McAFEE, RECD.
AUG 9 1933

Robert McMurtrie

FILING DEPT.
21-8
SECRETARIES

Ans'd

Three score years and ten,or if by reason of strength they be fourscore,yet is their strength labor and sorrow. So wrote the sacred writer,however,if I should measure my years by my forbears I still have eighteen years to go.

Owing to Board ruling and earth's flying motion on the fourth of last April my connection with the Chosen Mission of the Board of Foreign Missions of the Presbyterian Church automatically ceased.

The twenty five years of service which God has permitted me to se e in Korea have been happy years indeed. Yes they have been busy years but as I look back over them it would seem as if the busier they were,they were in like proportion happier.

Now that my time of service is over I become a citizen of the great metropolis whose population is made up exclusively of "has beens". However to become a resident of the place has its compensations,responsibilities and cares,planing and doing with endless hard work is over, and now I'll have time to do some of the things one wished so much to do,time to take time to do things right,time to be more courteous,time to be more patient and best of all to cultivate the friendship of children.

The Anna Davis Industrial Shops is at a loss to find anything new to report this year or anything that would be of special interest. However we might say that the past year has surpassed all previous years in the number of students helped,the amount paid to them and the total turn over of our business.

More than 5,000 yen was paid to our students and the total turnover of our business exceeds 40,000 yen

Any attempt to enumerate the variety of work we are called on to do would seriously compromise our veracity therefor suffice it to say that we made an effort to be of service to the Station and Mission.

In all probability this will be the last report I shall make to the Station I sincerely thank God for his goodness to me and for the unfailing patience and goodwill of my Station associates.

Respectfully submited

Robt.Mc Murtrie
Personal Report
1932-33

참고 문헌

맥머트리 선교보고서

평양선교지부 선교보고서

평양숭실 선교보고서

김창걸,『實찾아 三千里』, 서울: 정문, 1993.

숭실대학교 한국기독교박물관,『숭실중흥의 대인 김형남총장』서울: 숭실대학교출판부, 2011.

『기독교 대백과 사전』, 기독교문사, 1985.

Rhodes, H. A, 최재건 역,『미국 북장로교 한국 선교회사』, 서울: 연세대학교 출판부, 2009.

숭실대학교 90년사 출판위원회,『숭실 90년사』, 서울: 숭실대학교 출판부. 1987.

숭실대학교 100년사 출판위원회,『숭실 100년사』, 서울: 숭실대학교 출판부. 1997.

한국기독교문화연구소 편,『베어드의 선교와 사상』, 서울: 숭실대학교 출판부, 2013.

한국기독교문화연구소 편,『베어드와 한국선교』, 서울: 숭실대학교 출판부, 2009.

Richard. H. Baird, 숭실대학교뿌리찾기위원회 역주,『윌리엄 베어드』, 서울: 숭실대학교출판부, 2016.

이만열, 옥성득 편역,『언더우드 자료집』V, 서울: 연세대학교 출판부, 2010.

『김형직 선생 전기』, 조선로동당 출판사, 2004.

숭실대학교 한국기독교박물관,『숭실대학교 역사자료집』I - 학사일반, 서울: 숭실대학교 한국기독교박물관, 2017.

윌리엄 베어드, 김용진 역,『윌리엄 베어드의 선교리포트』I, 서울: 숭실대학교 한국기독교박물관, 2016.

숭실인물사편찬위원회,『인물로 본 숭실 100년』, 서울: 숭실대학교, 1995.

맹로법孟老法과 기계창

Robert McMutrie(1864-1946) &Anna Davis Industrial Shop

초판발행일 2018년 1월 29일
지 은 이 이원
발 행 인 황준성
펴 낸 곳 숭실대학교 지식정보처 중앙도서관 학술정보출판팀
서울 동작구 상도로 369
등 록 제14-2호(1982.1.25)
TEL : 02-820-0772
FAX : 02-817-5297
http://press.ssu.ac.kr
인 쇄 처 열린문화(02-2278-1791)
값 12,000원
ISBN 978-89-7450-379-6